エレガント英語

Elegant English 74

生井 利幸 著

TORII

はじめに

エレガント英語とは?

　わたくしは、様々な人々から、「エレガント英語が喋れるようになるには一体どうしたらよいのでしょうか」という相談を受けます。このようなとき、たいていは、「まず第一に、あなた自身が『エレガントな一人の人間』になることを目指してください」と答えます。

　エレガント英語とは、文字通り、"エレガントな"英語」という意味です。つまり、エレガント英語とは、「エレガントな人」が喋る「英語」を指します。このように考えるとき、次のことが言えます。

エレガント英語を喋るには、次の2つの要素が必須です。

①「エレガントな人」になる
②「英語」を習得する

　実際、日本でも海外でも、この2つの要素を兼ね備えた人がエレガント英語を喋っています。このラインの話でわかることは、エレガント英語の習得を目指す皆さんにおいては、「英語の習得」に加えて、皆さん自身が「エレガントな人」になることが必要であるということです。

国際的なエレガント英語スピーカーを目指してください

　わたくし生井利幸は、長年、アメリカのペンシルベニア州ラフィエット大学で教鞭を執りました。帰国後は、東京・銀座に、英会話道場イングリッシュヒルズ、及び、国際教養塾を設立し、英語で様々な分野について教授してきました。

　本書は、そうした長年の教授経験に基づいて書いた本です。読者の皆さんにおいては、是非、わたくしのキャリアと命を吹き込んだ本書のエレガント英語を「皆さんの心と体の中」にしっかりと浸透させてください。そうすることで、少しずつ「国際的なエレガント英語スピーカー」として自分を変えていくことができます。

暗記では、エレガント英語をマスターできない

　まずはじめに、本書の学習をスタートするにあたり、一般的な学習方法、即ち「暗記による学習法」を忘れてください。

　最初に、重要ポイントを述べます。英語表現を機械的に暗記する学習法では、何年学び続けてもエレガント英語をマスターすることは不可能です。暗記による学習では、英語が学習者の心の中に「強い印象」として残らないので、後に、そのほとんどすべてを忘れてしまいます。

ディクテーションの威力

　ディクテーションとは「書き取り」を意味します。学習の最初のステップとして、まずはじめに、本書の読者専用の特設ウェブサイト、即ち、『エレガント英語74』特設ウェブサイト (http://www.toshiyukinamai.com/book2016/) にアクセスし

てください。

　特設ウェブサイトにおいて、本書の会話文（ダイアログ）ごとに英語音声を聴き、それをノートに書き取ってください。ノートに書き取る時点では、「聴き取れる範囲内」で大丈夫です。1回において書き取る会話文の量は、読者の皆さんが自分の判断で決めてください。

　ディクテーションは、会話文の英語音声を一回聴いた程度では、それを正確に書き取ることは難しいでしょう。マスターする上での重要ポイントは、同じ会話文を何度も繰り返し聴き、それを補足していくことです。

ディクテーションの後、ノートの修正を行う

　ディクテーションが終わったら、本書を見ながら、書き取った会話文の修正や補足を行ってください。このとき、「究極的な英会話マスター法」として、次のことがわかってきます。

①最初から書かれたテキストを見ながら英語音声を聴くだけでは、英語が「自分の心と体」に浸透することはない。

②英語音声を聴くとき、テキストを見ないでノートに書き取ったほうが「強い印象」として記憶に残る。

③英語の習得には、心の中で「感じる」という経験を積み重ねると効果抜群である。

④機械的な暗記による学習では、後に、そのほとんどすべてを忘れてしまう。

毎日、英語音声を聴き、エレガント英語を美味しく味わう

　本書の会話文のすべてのディクテーションが終わった後は、「毎日、特設ウェブサイト掲載の英語音声を聴き続ける」という学習を続けてください。「会話文ごとに英語音声を聴き、発音する」という学習法を続けていくことにより、無理なくエレガント英語をマスターすることができます。

　英語の学習においては、一事が万事、"To continue is big power."（継続は力なり）です。マスターへの道のりは、「毎日、心を込めて丁寧に学習を続ける」ということに尽きます。

　是非、毎日、特設ウェブサイト掲載の英語音声を聴き続け、エレガント英語を美味しく味わってください。美味しく英語を味わうほどに、皆さんの心と体の中に、しっかりと英語が浸透します。

　本書の出版において、とりい書房の皆さんに大変お世話になりました。この場をお借りして、とりい書房社長・大西強司氏、同社の皆さん、また、本書の出版のためにご協力をいただきましたすべての方々に対しまして、心からのお礼を申し上げます。

東京・銀座３丁目の生井利幸事務所・銀座書斎にて

生井利幸

2016年10月

エレガント英語習得への道

Introduction
1 導入
2 暗記学習で、「エレガント英語」を習得することは不可能である
3 暗記ではなく、「印象」(impression)を重ねて習得する
4 「繊細に英語を感じる」という学習経験を積み重ね、少しずつエレガント英語を習得する
5 ディクテーションによる学習法が、あなたの英語を劇的に変貌させる
6 『エレガント英語74』特設ウェブサイトを駆使した、「エレガント英語・マスター法」

1 導入

英語が生まれたのはイギリスですが、現在では、アメリカ英語が大きな力を持っています。海外でも日本でも、英語を喋る人は実に星の数ほどいます。英語を喋る人の人口は数えきれないほどの巨大な人口ですが、では、その中で一体どれだけの人がエレガント英語を喋るのでしょうか。

例えば、イギリス人やアメリカ人だからといって、そのすべての人々がエレガント英語を喋るわけではありません。1)「ロンドンでは、すべての人々が『エレガント英語』を喋っている」、2)「ニューヨークでは、すべての人々が『都会的な洗練された英語』を喋っている」というイメージは、いわゆる「典型的日本人が抱く妄想」でしかありません。

このことは、日本語に喩えるとわかりやすいでしょう。即ち、「日本で生まれ育った日本人において、そのすべての日本人が『エレガントな日本語』を喋っているわけではない」という事実は、常識人であれは十分にわかる事実です。

英語も、そっくりそのままの形でこれに当て嵌まります。英米人でも、毎日、スラングばかりを喋っている人もいれば、社会的常識・マナーのない英語を喋る人もいます。

本書は、そうした観点を踏まえ、「日本の英会話学習者が、どのように学習を行ったら『品格・品位のある美しい英語』、即ち、『エレガントな英語』が喋れるようになるか」という学習課題を大きな柱として書かれました。

2　暗記学習で、「エレガント英語」を習得することは不可能である

「日本人が外国人と英語で喋るとき、一体どうして自然なムードで喋ることができないのか」、この問題は、日本はもとより、海外においても、長年にわたって「日本人におけるネガティブな印象」の一つとして捉えられてきた周知の事実です。長年にわたって英語を学習してきた人でも、外国人を目の前にして英語を喋ると、「自然な雰囲気で、自由自在に英語を喋る」ということは相当難しいことでしょう。

長い間にわたって、多くの日本人が「自分たち日本人」に対して疑問に思ってきたことがありますね。それは即ち、「日本人はこんなにも熱心に英語を勉強するのに、どうして英語が苦手なのか」という大きな疑問です。

実際のところ、理由は、すこぶる簡単な理由です。それは、日本人が行う英語学習は、常に、「暗記学習」で行われるためです。

「暗記」という学習方法は、英単語、熟語、あるいは、会話表現を機械的に暗記しようとする一連の行為を指すものです。日本では、通常、小・中・高、あるいは、大学に至るまで、英語学習の根幹を成す学習方法は「暗記学習」が中心となっています。

言うまでもなく、多くの日本人は、膨大な量の英語を暗記するそのプロセスにおいては、それなりの困難・苦労を経験します。ところが、大変な思いをしなが

ら覚えた英語も、残念なことに、後に、1)「そのほとんど」、あるいは、2)「そのすべて」を忘れてしまいます。覚えていることといえば、「眠いのを我慢して、徹夜で暗記学習をした」という、自分の家で行った苦しい学習経験の様子のみでしょう。

　このような経験の持ち主は、皆、「せっかく膨大な時間とエネルギーを費やして勉強したのだから、もう少し、英語が頭の中に残っていればいいのに！」と思うものです。今、この本を読んでいるあなた自身も、そう思う人の一人であると想像します。

　わたくしは、長年にわたって、米国ペンシルベニア州のラフィエット大学の教壇に立ちました。アメリカ在住中、そして、帰国後も、本の執筆や講演、あるいは、東京・銀座に設立した2つの学校、国際教養塾、また、英会話道場イングリッシュヒルズにて、1)「暗記学習では、決して英語が喋れるようにはならない」、そして、2)「暗記学習こそが、『日本人英語』と『日本人の国際化』を駄目にしている」と言い続けてきました。

　特に、英会話道場イングリッシュヒルズでは、暗記ではなく、従来の方法とはまったく異なる教授法で多くの学習者を教授し続け、毎年、学習者において実に大きな学習成果を出し続けてきました。

　本書は、英会話道場イングリッシュヒルズの代表であり、同時に、講師であるわたくし生井利幸が実際に行ってきた教授法を基盤として、それをそっくりそのままの形で書籍に変貌させたものです。

3　暗記ではなく、「印象」(impression)を重ねて習得する

　英語を習得する目的で単語や会話表現をどのように暗記しても、やがて、そのほとんどすべてを忘れ去り、結局、暗記するために使った膨大な時間を無駄にすることになります。

　本書において読者の皆さんにご紹介する学習方法は、「『印象』(impression) の積み重ねを通して英語を習得する」という、日本だけでなく、世界でも唯一無二の学習方法です。

　印象とは、「何らかの具体的体験を通して心の中で感じる"様相"」を指すものです。印象とは、「心の中における衝撃的な経験」です。人間は、毎日の生活を過ご

すそのプロセスにおいて「忘れ難い、何らかの衝撃」を経験すると、後々まで、それを「強い印象」として覚えています。

既に述べた英会話道場イングリッシュヒルズにおいて私が行っている教授法は、この「忘れ難い印象」(unforgettable impression)を通して、無理のない方法で、少しずつ、「品格・品位のある、エレガントな英語」を学習者の心と体の中に浸透させていくという教授法です。

4 「繊細に英語を感じる」という学習経験を積み重ね、少しずつエレガント英語を習得する

英語を、暗記ではなく、「忘れ難い印象」を積み重ねて学ぶ、・・・英米の通常人が話す一般英語の学習であればこれで十分でしょう。

本書は、「国際レヴェルのエレガント英語」をしっかりと習得するための学習書です。そのためには、単に、「忘れ難い印象」を積み重ねるだけでなく、英語を、「さらに繊細に感じる」という学習経験が必要となります。

本質論を述べるならば、1)「感じる」ということ、そして、2)「繊細に感じる」ということは、実に異なる概念です。エレガント英語を繊細に感じるためには、学習者自身が、さらに「繊細に感じる能力」を養い、『エレガント英語の"繊細さ"』("delicacy" of elegant English)を"繊細に感じる"必要があります。

エレガント英語を繊細に感じるためには、単なるリスニングとして、エレガント英語を聴くだけでは不十分です。エレガント英語を繊細に感じる方法として最も妥当な学習方法は、「エレガント英語のディクテーションを行う」という学習方法です。

dictationとは、いわゆる「書き取り」のことです。エレガント英語の習得の最も確実な道のりは、単にエレガント英語を聴くだけでなく、「聴きながら書き取る」という学習経験を積み重ねていくことが必要不可欠です。

5 ディクテーションによる学習法が、あなたの英語を劇的に変貌させる

まず、あなたの頭の中で、1)「大きな山」を想像してみてください。目の前に存在する大きな山。その向こう側には、2)「美しく広がる広大な海」があります。この「美しく広がる広大な海」を『エレガント英語スピーカーが備える国際レヴェルの

教養・品格』と仮定します。

　山の向こう側にある「美しく広がる広大な海」。この海に行くためには、山の真正面から『トンネルを掘る』(bore a tunnel, dig a tunnel)という方法しかないとします。あなたが、どうしても山の向こう側にある「美しく広がる広大な海」に行きたいのであれば、どのように時間がかかっても、毎日、コツコツとトンネルを掘り続け、山の反対側まで貫通させる必要があります。このコツコツとトンネルを掘り続ける学習経験こそが、ディクテーションの学習経験なのです。

　日本におけるほとんどすべての英語学習者は、高い山の前で右往左往、または、立ち往生しているだけです。暗記による学習方法では、10年、20年、いや、それ以上学習し続けても、エレガント英語を習得することは不可能です。

　エレガント英語を習得するには、暗記や聴き流しではなく、とにかく、汗と涙で「ディクテーションを積み重ねていく」という方法が最も確実な道のりです。

6　『エレガント英語74』特設ウェブサイトを駆使した、「エレガント英語・マスター法」

　読者の皆さん、是非、本書、及び、『エレガント英語74』特設ウェブサイトで聴くことができる74すべてのdialogueを、あなたの心の中に浸透させてください。すべてのdialogueを、外国語としての英語ではなく「あなた自身の言語」として変貌させるには、以下のプロセスにしたがって学習することが極めて効果的です。

＜第1ステージ＞

　本書を見ないで、英語音声を流し、ノートを使って「5つのdialogueのディクテーション」を行う。このとき、聴き取りにくい部分があってもOK。聴き取れるところをノートに書き取っていく。1週間かけて、「5つのdialogue」を可能な限り完成させていく。

＜第2ステージ＞

本書を開き、「5つのdialogueのディクテーション」について、ノートに書き取れなかった部分、わからなかった単語・表現などを確認・補正する（1日目）。補正後は、1日10回、1週間で計70回、それら5つのdialogueを聴き込んでいく。

＜第3ステージ＞

毎日、英語音声で「5つのdialogue」を聴いた後、本書を参照し、自分でも英語音声と同じように発音する。このとき、暗記するために発音することのないように注意。dialogueについて、何も感じることなく機械的に暗記しようとしないこと。「英語音声から流れるdialogueを、「感性」(sensibility)で繊細に感じ取り、感じ取った内容について頭の中で思索する」という一連の学習経験が重要ポイントとなります。

その後は、このプロセスで、「5つのdialogue」ごとに3週間かけて学習を進めてください。学習のペースは人によって異なりますが、通常、本書の内容についてしっかりと習得するには1年（12ヵ月）程度を要します。習得の秘訣は、先を急がず、一つひとつ、心を込めて丁寧に学習を進めていくことです。

学習は、3週間で「5つのdialogue」ごとに進めてください。一度にたくさんのdialogueを学習しようとすると、一つひとつの会話文の印象が薄れ、学習後、ほとんどのdialogueについて思い出すことはできません。習得の秘訣は、毎回、「5つのdialogue」を、ゆっくりと、丁寧に学習していくことです。

CONTENTS

2 | はじめに

6 | エレガント英語習得への道

第1章 様々な生活シーンで使えるエレガント英語（基本編）

24 | ### 初対面の相手とのエレガントな挨拶

Dialogue 1 **It is my pleasure to meet you.**
お会いできましたことを嬉しく思います。

26 Dialogue 2 **It is a great honour to meet you here.**
この場におきましてあなたにお目にかかれますことを、大変光栄に思います。

28 Dialogue 3 **Might I introduce myself?**
自己紹介をさせていただいても宜しいでしょうか。

29 Dialogue 4 **I feel it is my privilege to share this golden opportunity with you together.**
あなたと共にこの素晴らしい機会を共有できますことを、わたくし自身の特権であると感じます。

30 Dialogue 5 **Might I have a pleasure to introduce myself?**
自己紹介をさせていただきたく、お願い申し上げます。

32 | ### "心を込めて丁寧に"、感謝の気持ちを表現する

Dialogue 6 **I would like to appreciate what you did for my sake yesterday.**
昨日、あなたがわたくしに行ってくれましたご好意に対しまして、感謝申し上げます。

34 Dialogue 7 **I was very much impressed to listen to such elegant music at your home.**
わたくし自身、あなたのお住まいで鑑賞させていただいたあのような格調の高い音楽に対しまして、実に深い感銘を受けております。

12

| 36 | Dialogue 8 | **It was a tremendously meaningful opportunity to talk about the difference between the two, the Constitution of the United States of America and the Constitution of Japan.**
わたくしにとりまして、あなたとアメリカ合衆国憲法と日本国憲法における相違について意見の交換ができましたことは、実に意味のある機会となりました。 |

| 38 | Dialogue 9 | **It was a very romantic time spending with you the day before yesterday.**
一昨日は、大変ロマンティックな時間となりました。 |

| 39 | Dialogue 10 | **I have no words to express my gratitude.**
お礼の言葉もございません。 |

賞賛と提案

41

| | Dialogue 11 | **I really feel what you did yesterday was a tremendously splendid one in consideration of the quality of it.**
昨日、あなたが行った仕事は、大変素晴らしいものであったと痛感致します。 |

| 43 | Dialogue 12 | **Someday, would you like to come to my office?**
いつの日か、わたくしのオフィスをご訪問なされますか。 |

| 44 | Dialogue 13 | **It was my great pleasure to go there with you together.**
あなたとご一緒できたことを大変嬉しく思います。 |

| 45 | Dialogue 14 | **I absolutely value what you did yesterday.**
昨日あなたがなさったことは、実に勇敢な行為であったと思います。 |

品格・品位のある謝罪・お詫び・心遣い

47

| | Dialogue 15 | **I deeply would like to apologize for the delay in replying to your letter.**
お手紙の返事が遅れましたことを深くお詫び申し上げます。 |

| 49 | Dialogue 16 | **We can only offer our heartfelt apologies.**
心よりお詫び申し上げます。 |

| 50 | Dialogue 17 | **Please accept my apologies.**
誠に申し訳ございません。 |

| 51 | Dialogue 18 | **I really don't know how I can apologize.**
実に、お詫びのしようもございません。 |

| 52 | Dialogue 19 | **I'm sorry that you have been ill for a long time.**
実に長い期間にわたってご病気でありましたことを、お察し申し上げます。 |

54		華麗なる友情表現
	Dialogue 20	**"How we spend our limited time" is the most important matter for us.** わたくしたちにとりまして、「限られた時間をどのように過ごすか」という問題は、最も重要な問題でございます。
56	Dialogue 21	**It is said, "Still waters run deep."** 「思慮深い人はぺらぺらと喋らない」と言われております。
57	Dialogue 22	**It is a tremendous honour for me to work with you.** あなたと共に仕事に従事できますことを、大変光栄に思っております。
58	Dialogue 23	**I think that your sublime performance graces the orchestra immensely.** あなたの荘厳な演奏は、オーケストラ全体に対して計り知れないほどの優美なエネルギーを与えてくれるでしょう。
60	Dialogue 24	**The pity is that she cannot join our activity this time.** 残念なことは、今回、彼女がわたくしたちの活動に参加できないことです。
62	Column 1	感性に優れている人は、「エレガント英語」の習得がすこぶる速い
64		ディクテーション後の確認英文

第2章　教養人が話す、一味違うエレガント英語（応用編）

70		エレガントな教養人が楽しむ、朝の挨拶・コミュニケーション
	Dialogue 25	**It's not a sapient idea to fiddle around.** 何もせず、ぶらぶらすることは賢明ではございません。
72	Dialogue 26	**"Beauty is in the eye of the beholder."** 「美は見る人次第。」
74	Dialogue 27	**It goes without saying that consciousness-raising for the sake of the refinement of a sense of beauty dramatically ameliorates the "quality of life."** 美意識の洗練に向けた努力を重ねていくと、劇的に、「生の質」を高められるということは言うまでもありません。

14

| 76 | Dialogue 28 | **The future has not been written yet.**
未来は、まだ決まっていません。 |

「ビジネスの質」を高めるエレガント英語

79

	Dialogue 29	**All of you are really clear-headed professionals.** あなた方すべての皆さんは、頭脳明晰なプロフェッショナルでいらっしゃいます。
81	Dialogue 30	**As long as the sun rises in the east and sets in the west, we do the same for our mutual business all the time.** 太陽が東から昇り西に沈む限り、弊社は常に、相互のビジネスのために同様の努力をし続けたいという所存でございます。
82	Dialogue 31	**I'd like you to deliberately confirm the details written in the email I sent two days ago.** わたくしが2日前にお送りしたメールに記載されたプロジェクトの詳細について、ゆっくりと確認していただきたくお願い申し上げます。
84	Dialogue 32	**I'd like to come to your headquarters next month, if it is possible.** もし可能でしたら、来月に御社の本社オフィスに伺いたく存じます。

豊かな心で「華麗なビジネスコミュニケーション」をつくる

86

	Dialogue 33	**I really think it is a gift given to do the business with your company together.** 御社とビジネスができますことは、弊社にとりましては、まさに賦与された素晴らしい機会であると考えております。
87	Dialogue 34	**It is a tremendously great pleasure to deal with you here in London for me.** わたくしにとりまして、ここロンドンにてあなたと取引できますことは、この上のない喜びでございます。
88	Dialogue 35	**Could you give me some information about the interesting company located in Paris you mentioned this morning?** 今朝あなたがお話に出したフランス・パリの会社の情報をいただけますか。
90	Dialogue 36	**I hear that you are a polyglot.** あなたは多言語に通じた人であると聞いています。

15

91		**教養人のエレガンス**
	Dialogue 37	**Could you teach me the meaning of philosophy?** 哲学の意味についてお教えいただけませんでしょうか。
94	Dialogue 38	**Philosophy is the basis of human sciences, social sciences and natural sciences.** 哲学は、人文科学、社会科学、そして、自然科学の基礎です。
95	Dialogue 39	**John, you are an incomparable and excellent author.** ジョン、あなたは比類なき優れた作家です。
99	Dialogue 40	**Essentially, "Philistinism" gives you nothing.** 本来、「物欲」は何も生みません。
102	Column 2	料理を楽しむ秘訣は、同時に、「エレガント英語を習得する秘訣」でもある
104	Column 3	知識と教養の相違の理解から、「エレガント英語への道のり」を歩む
106		ディクテーション後の確認英文

第3章　教養人が好む、「エレガント聖書英語」

112		**"Human beings cannot live on bread alone."** 「人はパンだけで生きるものではない。」
	Dialogue 41	**"Human beings cannot live on bread alone."** 「人はパンだけで生きるものではない。」
114	Dialogue 42	**How you take action according to the Bible gives you a fruitful life day after day.** 聖書の教えに従って生きるならば、毎日、実りある日々を過ごすことができます。
116	Dialogue 43	**I consider that it is a privilege given to human beings to live well according to the teachings of the Bible.** わたくしは、人間には、聖書の教えに従ってより良く生きる特権が賦与されていると考えております。

16

118 | "Love for enemies."
「敵を愛しなさい。」

Dialogue 44 **Might I have a pleasure to guide you some more?**
さらに、わたくしの考えを述べても宜しいでしょうか。

120 | **Dialogue 45** **Jesus Christ said, "Love your enemies and pray for those who persecute you."**
イエス・キリストは、「敵を愛し、自分を迫害する者のために祈りなさい」と言いました。

121 | **Dialogue 46** **If you love all people including your enemies who hate you, "you may become the children of your father in heaven."**
もし、あなたが、あなたを憎む敵も含めて、すべての人々を愛するならば、「あなたは、天の父の子となるでしょう」。

123 | "Store up riches for yourselves in heaven."
「富は、天に積みなさい。」

Dialogue 47 **It is written in the Bible, "Do not store up riches for yourselves here on earth."**
「あなたがたは地上に富を積んではならない」と、聖書に書かれています。

125 | **Dialogue 48** **"Store up riches for yourselves in heaven, where moths and rust cannot destroy, and robbers cannot break in and steal."**
「富は、天に積みなさい。そこでは、虫が食うことも、さび付くこともなく、また、盗人が忍び込むことも盗み出すこともない。」

128 | **Dialogue 49** **A difficult way gives you a genuine direction to live well as a rational existent standing upon this planet.**
困難から逃げない生き方は、地球に存する理性的存在者として、より良く生きるための本物の道を示してくれます。

131 | "Go in through the narrow gate."
「狭い門から入りなさい。」

Dialogue 50 **"Go in through the narrow gate."**
「狭い門から入りなさい。」

132 | **Dialogue 51** **"The gate to hell is wide."**
「滅びに通じる門は広い。」

133 | **Dialogue 52** **"The gate to life is narrow and the way that leads to it is hard, and there are few people who find it."**
「命に通じる門はなんと狭く、その道も細いことか。それを見いだすものは少ない。」

135 | **"Knock, and the door will be opened to you."**
「門をたたきなさい。そうすれば、門は開かれる。」

Dialogue 53 | **"Ask, and you will receive."**
「求めなさい。そうすれば、与えられる。」

136 | Dialogue 54 | **"Seek, and you will find."**
「探しなさい。そうすれば、見つかる。」

138 | Dialogue 55 | **"Knock, and the door will be opened to you."**
「門をたたきなさい。そうすれば、開かれる。」

140 | Column 4 | ソクラテスから学ぶ「謙遜の美徳」
142 | Column 5 | 機知(wit)に富んだ言葉、"fairy tale"

143 | ディクテーション後の確認英文

第4章 大学キャンパスで楽しむエレガント英語

148 | Dialogue 56 | **You are really my treasure on campus for me.**
わたくしにとってのあなたの存在は、キャンパスにおける大切な宝といえる存在です。

149 | Dialogue 57 | **I hear that you have a charming plan to visit my country.**
あなたが、わたくしの国にいらっしゃるということをうかがっておりますが。

151 | Dialogue 58 | **The examination I took yesterday was unbelievably abstruse for me.**
昨日受けた試験は、わたくしにとりまして、とても信じられないほど難解な試験でした。

152 | Dialogue 59 | **One of my friends is reading law at Oxford.**
わたくしの友人の一人は、オックスフォードで法律を専門に勉強しています。

154 | Column 6 | Stubborn Americans・・・古き良き「頑固なアメリカ人」
158 | Column 7 | "Easy come, easy go."

160 | ディクテーション後の確認英文

18

第5章	外国で病気になったときに役立つ、「エレガント医療英語」

164 **救急車を呼びたいとき**

Dialogue 60 **I'd like you to call an ambulance for me, please.**
救急車をお呼びいただけますか。

166 **捻挫をしたとき**

Dialogue 61 **I accidentally twisted my foot in the morning today.**
今朝、誤って足をひねってしまいました。

168 **ナイフで手を切ってしまったとき**

Dialogue 62 **Abruptly, I cut my hand with a knife.**
不意に、ナイフで手を切ってしまいました。

170 **頭が痛いとき（偏頭痛）**

Dialogue 63 **I have a migraine.**
偏頭痛があります。

172 **耳がズキズキと痛いとき（外耳炎）**

Dialogue 64 **My right ear hurts a lot.**
右の耳が痛むのですが。

174 **風邪をひいたとき**

Dialogue 65 **I'm afraid I've caught a cold.**
風邪をひいたようなのですが。

176 **胃の調子が悪いとき**

Dialogue 66 **My stomach feels uncomfortably heavy these days.**
このところ、胃が重苦しいのです。

19

178 　**排尿障害のとき**

Dialogue 67　**When I urinate, it terribly hurts.**
排尿するときに、尿道がかなり痛みます。

180 　**歯槽膿漏になったとき（歯ぐきから血が出たとき）**

Dialogue 68　**Unfortunately, my gums are swollen now, and they bleed when I brush my teeth these days.**
あいにく、わたくしの歯ぐきが腫れています。最近、歯を磨くとき、出血があるのです。

182 　**水虫になったとき**

Dialogue 69　**Sir, I'm afraid that I've gotten athlete's foot on my left foot. It's itchy so much.**
わたくしの左足に、水虫ができたようでございます。かゆくて我慢ができません。

184 　**赤ちゃんの息づかいが荒くなったとき**

Dialogue 70　**He seems to have much difficulty breathing today.**
今日、この子の息づかいがかなり荒いのですが。

186 　Column 8　自分の品格を大きく落とす"Do you know ---?"という表現
188 　Column 9　エレガント英語習得に向く人、向かない人

191 　ディクテーション後の確認英文

第6章　芸術・文化・学問を
楽しむためのエレガント英語

196 　Dialogue 71　**What you need is not disjecta membra of shallow knowledge about the picture painted by Sandro Botticelli in order to appreciate the essence in it.**
この絵画に存する本質的メッセージを鑑賞する上で必要なものは、サンドロ・ボッティチェリが描いた絵画についての雑多な知識の断片ではありません。

20

199	Dialogue 72	**The subtle and profound is one of the Japanese aesthetic spiritual states which values a shared sense of communication without speaking many words in the profound mood of tranquility.** 幽玄とは、深遠なる静寂の空気感の中、多くを語らずに目の前の相手との相互理解を深めることができる、日本人が大切にしている精神的な美意識の一つです。
202	Dialogue 73	**First, you need to have "delicacy" to know your indelicacy.** 自分のインデリカシーについて知るには、まず第一に、あなた自身が「デリカシー」を備えていることが必要であるということです。
204	Dialogue 74	**"There is no royal road to learning."** 「学問に王道なし。」
208	Column 10	生井利幸が教授するレッスンにおける「ディクテーションの威力」
212	Column 11	「キャンセル」という語に要注意!
215	ディクテーション後の確認英文	
218	終わりに	エレガント英語の精神基盤 ・・・「マナーとデリカシーの相違」の理解を手掛かりに

第1章

様々な生活シーンで使える
エレガント英語（基本編）

Dialogue 1 〜 24

初対面の相手との
エレガントな挨拶

It is my pleasure to meet you.
お会いできましたことを嬉しく思います。

Ⓐ How do you do?
Ⓑ How do you do? **It is my pleasure to meet you.** 注

Ⓐ I really feel the same. First of all, I would like to introduce myself. My name is Nancy Brown.
Ⓑ I thank you very much for your kind introduction. My name is Mika Suzuki.

24

🅐 はじめまして。

🅑 はじめまして。**お会いできましたことを嬉しく思います。**

🅐 わたくしも同じように思います。まずはじめに、自己紹介をしたいと存じます。わたくしの名前は、ナンシー・ブラウンと申します。

🅑 お名前をいただきまして、誠にありがとうございます。わたくしは、ミカ・スズキと申します。

> **注**

It is my pleasure to meet you.は、どのような相手に対しても使える「失礼のない表現」です。初対面の相手との出会いについての「自分の喜び」を伝えたいとき、この表現を覚えておくと安心です。エレガントに喋る秘訣は、この表現を「一語一語、ゆっくりと丁寧に発する」ということです。その反面、早口で喋ると、相手に対して不快感を与えることがありますので注意が必要です。

Dialogue 2

It is a great honour to meet you here.

この場におきましてあなたにお目にかかれますことを、
大変光栄に思います。

Ⓐ **It is a great honour to meet you here.** 注1
Ⓑ The honour (米：honor) is mine.

Ⓐ Today, I hope we have a graceful time together.
Ⓑ I really hope so, too.

Ⓐ At first, would you like to have some tea? 注2
Ⓑ It is a charming idea, isn't it?

Ⓐ **この場におきましてあなたにお目にかかれますことを、大変光栄に思います。**
Ⓑ こちらこそ光栄に存じます。

Ⓐ 本日、共に優雅な一時を持てますことを切望しております。
Ⓑ わたくしもそのように切望しております。

Ⓐ まずはじめに、紅茶でもいかがでしょうか。
Ⓑ それは実に素敵なお考えですね。

注1

初対面として人と会ったとき、一般英語ではシンプルにNice to meet you.（はじめまして）という表現を用いる人が多いですが、イギリスの貴族が用いる英語では、初めて会った相手に対して、「その相手の『一人の人間としての尊厳』に対して敬意を払う」という精神の下、honour（光栄、名誉、特権）という表現を用います。例えば、イギリスの貴族階級に属する人々は、伝統的に、このような「自分の目の前に存在する人間に対する『敬意の心』」を、品格・品位のある相互コミュニケーションの真髄として捉えています。英国貴族におけるこのような「一人の個人を尊重する精神」は、イギリス国内はもとより、ヨーロッパ諸国、及び、世界中の英語スピーカーから敬意を表されています。

注2

イギリスでは、teaには実に様々な意味があります。afternoon teaは、ホテルやレストランなどで用いられ、サンドイッチやケーキなどを共にする午後の軽い食事を指します。high teaは、夕方、早めにとる食事を指し、肉、ソーセージ、パイ、チーズなどが出されます。アメリカでは、紅茶よりもコーヒーを好む人が多いといえます。

Might I introduce myself?
自己紹介をさせていただいても宜しいでしょうか。

🅐 **Might I introduce myself?** 注

🅑 I am delighted to receive your introduction.

🅐 自己紹介をさせていただいても宜しいでしょうか。

🅑 光栄に存じます。

注

一般英語でMay I ～?で疑問文を作ると「～しても宜しいですか」という意味になり、相手に対して丁寧に質問するときに用います。一方、エレガント英語では、この表現をさらにエレガントな形にして、Might I ～?という表現にして、「差し支えありませんでしたら、～させていただいても宜しいでしょうか」という優美な表現にすることができます。

Might I ～?は、伝統的に、イギリス貴族が用いる表現です。通常、一般の英米人がMight I ask you a question, please?という表現を耳にすると、「あの人は、ずいぶんエレガントな話し方をする人だ。一体どこからいらっしゃった方なのだろう?」と心の中で想像するでしょう。

Dialogue 4

I feel it is my privilege to share this golden opportunity with you together.

あなたと共にこの素晴らしい機会を共有できますことを、わたくし自身の特権であると感じます。

Ⓐ Now, **I feel it is my privilege to share this golden opportunity with you together.** 注

Ⓑ I feel the same.

Ⓐ Is it possible to have my pleasure to talk to you right now?

Ⓑ I'd like you to do so, please.

Ⓐ このたび、**あなたと共にこの素晴らしい機会を共有できますことを、わたくし自身の特権であると感じます。**

Ⓑ わたくしも同感でございます。

Ⓐ 今、お話を始めても宜しいでしょうか。

Ⓑ どうぞ、そのようになさってください。

注

my privilegeは、「わたくしの特権」という意味。privilegeは、本来、「特別に与えられた権利」という意味ですが、エレガント英語では、相手に対して敬意を払う表現として人々から愛されている美しい表現です。法学では、通常の権利をright、特権をprivilegeという如く、その定義が明確に分かれています。

第1章　様々な生活シーンで使えるエレガント英語（基本編）

Dialogue 5

Might I have a pleasure to introduce myself?

自己紹介をさせていただきたく、お願い申し上げます。

Ⓐ Might I have a pleasure to introduce myself? [注1]
My name is John Williams. I'm a barrister in London. [注2]

Ⓑ It is my great honour to meet you. My name is Natsuko Tanaka. I come from Tokyo, Japan.

Ⓐ 自己紹介をさせていただきたく、お願い申し上げます。 わたくしの名前はジョン・ウィリアムズと申します。わたくしは、ロンドンで、法廷弁護士をしております。

Ⓑ お目にかかれて大変光栄に存じます。わたくしの名前は、ナツコ・ナタカと申します。わたくしは、日本の東京出身です。

注1

Might I have a pleasure to introduce myself?は、Might I introduce myself? (Dialogue 3)をさらに丁寧にした表現です。Might I have a pleasure to ～?は、英国貴族、そして、広くヨーロッパ全域におけるエレガント英語を喋る人々に愛されている格調高い表現です。

注2

barristerは、法廷弁護士を指します。イギリスには2種の弁護士制度があり、会話文に登場したbarristerの他、solicitor(事務弁護士)がおかれています。barristerとは、solicitorからの依頼を受けて法廷弁論を行う弁護士を指します。barristerになるには、4つのInns of Court(法曹学院)、即ち、1) Lincoln's Inn、2) Inner Temple、3) Middle Temple、4) Gray's Innのいずれかに所属することが必要となります。

"心を込めて丁寧に"、感謝の気持ちを表現する

Dialogue 6

I would like to appreciate what you did for my sake yesterday.

昨日、あなたがわたくしに行ってくれましたご好意に対しまして、感謝申し上げます。

Ⓐ I would like to appreciate what you did for my sake yesterday.

Ⓑ Please do not mention it. I just did it as a token of our graceful friendship.

Ⓐ I deeply feel your splendid friendship. 注1

Ⓑ As I told you, I really did it with all my heart. 注2

Ⓐ 昨日、あなたがわたくしに行ってくれましたご好意に対しまして、感謝申し上げます。

Ⓑ どういたしまして。わたくしは、ただ、美しき友情の証として行ったまでです。

Ⓐ あなたの素晴らしい友情を深く感じます。

Ⓑ 申し上げました通り、わたくし自身、心を込めてそう致しました。

注1

splendidは、「堂々たる、申し分のない、素晴らしい、豪華な、華麗な」という意味で、イギリスの教養人が好んで用いる形容詞です。splendidの代わりにsplendiferous（素晴らしい、壮麗な）を用いることも可能です。但し、splendiferousには、しばしば話し手（遠回しに自分の意見を述べる教養人）における"皮肉的ニュアンス"が包含されることがありますので注意が必要です。それ故、あなたが聞き手の立場でsplendiferousを耳にする際には、デリケートな感性を駆使して、文脈における真の意味を感じ取ることが必要となります。エレガント英語は、上辺の知識のみで理解するだけでなく、「繊細な感性」を通して言葉の真意を感じ取ることが必要とされます。

注2

with all my heartは、「心を込めて、心から喜んで」の意味。これをfrom the bottom of my heart（心の底から）とすることも可能です。

I was very much impressed to listen to such elegant music at your home.

わたくし自身、あなたのお住まいで鑑賞させていただいたあのような格調の高い音楽に対しまして、実に深い感銘を受けております。

Ⓐ We really enjoyed listening to some pieces of Baroque music at my home last week.注

Ⓑ Yes, we grandly did it. **I was very much impressed to listen to such elegant music at your home.**

Ⓐ As for me, music is my life. I mean, precisely speaking, life is music in my own definition.

Ⓑ I see. I surely grasp what you are saying.

Ⓐ 先週、わたくしの家で、いくつかのバロック音楽作品の鑑賞を楽しみましたね。

Ⓑ はい、壮大なスケールで満喫させていただきました。わたくし自身、あなたのお住まいで鑑賞させていただいたあのような格調の高い音楽に対しまして、実に深い感銘を受けております。

🅐 わたくしにとりましては、音楽は人生です。この事を正確に申し上げますと、わたくし自身の定義におきましては、わたくしの人生そのものが音楽なのです。

🅑 わかりました。おっしゃいますことは、はっきりと理解できます。

注

pieceは、芸術における「具体的作品」を指します。She occasionally plays some pieces by Chopin.であれば、「彼女は、時折、いくつかのショパンの作品を演奏します」という意味になります。

Dialogue 8

It was a tremendously meaningful opportunity to talk about the difference between the two, the Constitution of the United States of America and the Constitution of Japan.

わたくしにとりまして、あなたとアメリカ合衆国憲法と日本国憲法における相違について意見の交換ができたことは、実に意味のある機会となりました。

Ⓐ **It was a tremendously meaningful opportunity to talk about the difference between the two, the Constitution of the United States of America and the Constitution of Japan.** 注1

Ⓑ To be frank with you, unfortunately, I have few chances to do so with Japanese lawyers in my working environment in Manhattan.

Ⓐ I hope we have such a fruitful opportunity upon occasion.

Ⓑ It will be a great help to improve my culture in law as a lawyer for me, too. 注2

🅐 わたくしにとりまして、あなたとアメリカ合衆国憲法と日本国憲法における相違について意見の交換ができたことは、実に意味のある機会となりました。

🅑 率直に申し上げますと、不運なことですが、わたくしには、マンハッタンにおける現在の仕事環境では、日本の弁護士の方々とこのような機会を持つことはそう多くはありません。

🅐 是非、また、時折、このような実りの多い機会を持ちたいと希望しております。

🅑 わたくし自身におきましても、弁護士として、法学における自己の教養を高める上でも絶好の機会となるでしょう。

注1

It was a tremendously meaningful opportunity to talk about 〜には、talkを用いることで「肩の力を抜いて友好的に話し合う」というニュアンスがそこに内在します。talkではなくdiscussを用いると、より堅い意味合いがそこに生じます。また、discussの後にはaboutは用いません。例えば、We discussed the important matter yesterday.（わたくしたちは、昨日、重要な問題について議論しました）等。

注2

culture in lawは、いわゆる「法学における教養」、あるいは、「法文化」を意味します。これをlegal cultureという表現にすることも可能です。

It was a very romantic time spending with you the day before yesterday.

一昨日は、大変ロマンティックな時間となりました。

Ⓐ It was a very romantic time spending with you the day before yesterday.

Ⓑ Yes, it really was. What I expect next is the same once again absolutely.

Ⓐ As long as "The sun rises in the east and sets in the west," we have the same in the near future.注

Ⓑ I also have the same feeling.

Ⓐ 一昨日は、大変ロマンティックな時間となりました。

Ⓑ 本当にそうでしたね。次にお会いする際にも、同じような過ごし方をしたいものです。

Ⓐ 「太陽が東から昇り西へと沈む」限り、また近いうちに、同じような時間を持てると思います。

Ⓑ わたくしも同感です。

注

"The sun rises in the east and sets in the west."は、「太陽は東から昇り西へと沈む」という意味の諺です。エレガントなムードで相手と話をするとき、しばしば、会話の中に諺を挿入すると効果抜群です。英国貴族や英米の教養人は会話の中に諺を挿入することを好みますが、諺を挿入する際には、1)「相手が知っているであろう諺」、2)「相手が理解できるであろう諺」を用いるのが相手に対するマナー・

配慮となります。言うまでもありませんが、相手が理解できない諺を故意に使うと、それは「知識をひけらかす」(parade one's knowledge)というネガティブな行為となる恐れがありますので注意が必要です。

Dialogue 10

I have no words to express my gratitude.

お礼の言葉もございません。

Ⓐ **I have no words to express my gratitude.** 注1

Ⓑ Oh, it's very nice of you to say such a thing. It was a precious experience for me in my life, too.

Ⓐ You know every inch of Rome. Therefore, I'd like to enjoy visiting a lot of places with you next year, too. 注2

Ⓑ It is said, "When in Rome, do as the Romans do." 注3 I hope you enjoy eating various foods like Romans here.

Ⓐ As you advise me, I do it.

Ⓐ **お礼の言葉もございません。**

Ⓑ そのような事をおっしゃっていただき、実に恐縮するばかりでございます。わたくしにとりましても、わたくしの人生におきまして実に貴重な経験となりました。

39

🅐 あなたは、ローマを隅から隅までご存知ですね。ですから、来年も是非、あなたと共に様々な場所を訪問したいと願っております。

🅑 「郷に入っては郷に従いなさい」と言われてますね。是非、ここローマにて、ローマ人のように美味しい料理をたっぷりと食べていただきたいものです。

🅐 あなたのご助言通りにしたいと存じます。

注1

I have no words to express my gratitude.は、とっさに「自分自身の感謝の気持ちを丁寧に表したいとき」に大変便利な表現です。「お礼の言葉もない」("no words" to express my gratitude)ということは、＜"通常以上"の感謝の気持ちがある＞という深いニュアンスがそこに内在しています。

注2

every inch of ～は「～の隅々まで」という意味。Beyond question, he knows every inch of Los Angelesであれば「確かに、彼は、ロスアンゼルスの隅々まで知っている」という意味。

注3

"When in Rome, do as the Romans do."（ローマではローマ人のするようにせよ）は、即ち、「郷に入っては郷に従いなさい」という意味。この諺は、「今、自分がいる場所の習慣・考え方に従って行動することが、その場所での滞在を楽しむ上での最善の方法である」という建設的な捉え方を述べる際に威力を発揮します。

賞賛と提案

Dialogue 11

I really feel what you did yesterday was a tremendously splendid one in consideration of the quality of it.

昨日、あなたが行った仕事は、大変素晴らしいものであったと痛感致します。

Ⓐ I really feel what you did yesterday was a tremendously splendid one in consideration of the quality of it.

Ⓑ I deeply thank you very much for your utterance. As you imagine, I love helping other professionals. By the way, is there anything I can do for your sake?

A Thank you so much for your asking. Now, my business is prospering. 注

B I see.

A Of course, I would like to ask your help without hesitation, when I need it someday.

B I'm delighted to do anything for your sake anytime.

A 昨日、あなたが行った仕事は、大変素晴らしいものであったと痛感致します。

B そのようなお言葉をいただき、心からのお礼を申し上げます。ご想像通り、わたくしは、多くの方々のお役に立ちたいと思っております。話は変わりますが、何か、あなたのお力になれることはありませんか。

A お気遣いをいただきありがとうございます。今のところ、ビジネスは順調でございます。

B そうですか。

A もちろん、あなたの助けが必要なときには、すぐにでもお願いしたいと考えております。

B いつ何時においても、喜んでお手伝いしたいと存じます。

注

prosperは「(事業・人などが) 栄える、うまくいく、成功する」という意味。My business is prospering.を、I'm prospering in business.とすることも可能です。

Dialogue 12

Someday, would you like to come to my office ?

いつの日か、わたくしのオフィスをご訪問なされますか。

A **Someday, would you like to come to my office ?**

B I thank you very much for your kindness. Surely, I'd like to come to your office in the near future. 注

A We all will be pleased to see you in our office at all times.

B I feel grateful to know that. I really cannot wait to come.

A いつの日か、わたくしのオフィスをご訪問なされますか。

B ご親切にどうもありがとうございます。近いうちに、喜んで、あなたのオフィスに伺いたく存じます。

A わたくし共は、常に、あなたのご訪問を楽しみにお待ちしております。

B それをうかがって、大変嬉しく思います。ご訪問するのが楽しみでなりません。

注

I'd like to come to your office in the near future.の"come"は、相手の立場に立った動詞の使い方です。実際は、こちらから「行く」(go)のですが、これを「来る」(come)と表現するのは、相手を「人格ある一人の個人」として敬意を払っているという意味合いがそこにあります。この表現には、英米の教養人、または、英国貴族が愛する「『相手を最大限に尊重する』美しい英語表現の美徳」が内在しています。

Dialogue 13

It was my great pleasure to go there with you together.

あなたとご一緒できたことを大変嬉しく思います。

Ⓐ I truly enjoyed my stay in London last week.

Ⓑ It was my great pleasure to go there with you together.

Ⓐ Do you go there with your client upon occasion?

Ⓑ Yes, I do once in a while, when it is necessary. 注1

Ⓐ If it is all the same to you, I'd like to come to London with my colleague next time. 注2

Ⓑ It is a wonderful idea, isn't it?

Ⓐ 先週、ロンドンにて、わたくしは、実に楽しい一時を過ごしました。

Ⓑ あなたとご一緒できたことを大変嬉しく思います。

Ⓐ 時々、クライアントとロンドンに訪れますか。

Ⓑ はい、必要に応じて、時々訪れます。

Ⓐ もし、あなたにとってお構いないようでしたら、次の機会には、わたくしの同僚と共にロンドンに参りたいと願っております。

Ⓑ 素敵なお考えですね。

注1

once in a whileは、「時々」という意味。これを、now and thenと表現することもできます。

44

注2

if it is all the same to youは、「もし、あなたにとってお構いなければ（同じであるようでしたら）」の意味。この表現は、if you don't mind（もし宜しければ）と同等の意味で使うことができます。

Dialogue 14

I absolutely value what you did yesterday.

昨日、あなたがなさったことは、実に勇敢な行為であったと思います。

Ⓐ **I absolutely value what you did yesterday.** 注

Ⓑ The lady was in trouble at that time. I just thought somebody really had to help her.

Ⓐ She was very fortunate to be helped by you at that time.

Ⓑ I hope she doesn't have such serious trouble again.

Ⓐ **昨日あなたがなさったことは、実に勇敢な行為であったと思います。**

Ⓑ あの時のあの女性は、本当に困った様子でした。わたくしは、ただ、誰かが彼女を助けなければならないと思っただけです。

🅐 彼女は、あなたに助けられて本当に幸運でした。

🅑 わたくしは、彼女が再度、あのようなトラブルに遭遇しないことを願っております。

注

value（動詞）は、「評価する、重んじる」の意味。A lot of professionals value your work highly here in Boston.とすれば、「ここボストンでは、多くの専門家が、あなたが行った仕事を高く評価しています」という意味になります。

品格・品位のある
謝罪・お詫び・心遣い

第1章　様々な生活シーンで使えるエレガント英語（基本編）

Dialogue 15

I deeply would like to apologize for the delay in replying to your letter.

お手紙の返事が遅れましたことを深くお詫び申し上げます。

Ⓐ **I deeply would like to apologize for the delay in replying to your letter.**

Ⓑ I really understand your current situation. Now, I feel happy to talk to you face to face very much.

Ⓐ I appreciate your understanding.

Ⓑ Now, let's get down to business. 注

47

Ⓐ お手紙の返事が遅れましたことを深くお詫び申し上げます。

Ⓑ わたくし自身、現在、あなたがおかれている状況が良くわかります。今、お目にかかってお話できることを大変嬉しく思います。

Ⓐ ご理解のほど、感謝致します。

Ⓑ では、本題に入りましょう。

注

get down to〜は「〜に入る（取り掛かる）」の意味。Let's get down to business. は、本腰を入れて本題に入りたいときに用いる、英米ビジネス社会における決まり文句です。これをゆっくりと丁寧に発音すれば、重みのあるムードを醸し出しながら本題に入ることができます。

Dialogue 16

We can only offer our heartfelt apologies.

心よりお詫び申し上げます。

- Ⓐ **We can only offer our heartfelt apologies.** 注
- Ⓑ We accept your sincere feeling very much.
- Ⓐ We try not to commit the same mistake again in future.
- Ⓑ That's all right. We all make mistakes.

- Ⓐ **心よりお詫び申し上げます。**
- Ⓑ お心は良くわかりました。
- Ⓐ 将来において、再び同じような過ちを犯すことのないように努力致します。
- Ⓑ これ以上、お気になさらないで下さい。わたくしたち人間はすべて、多かれ少なかれ失敗するものです。

注

heartfelt（形）は、「心からの、偽りのない」という意味。文中では、heartfeltをsincere（形）「心からの、誠心誠意の」とすることも可能です。

Please accept my apologies.
誠に申し訳ございません。

A I'm afraid that I can't join you this time. 注 **Please accept my apologies.**

B I hope we will have some enjoyable time next.

A I eagerly hope so.

B I suggest going somewhere interesting after this summer together.

A 残念ですが、このたびはご一緒することができないように思われます。**誠に申し訳ございません。**

B 次の機会には、ご一緒できることを願っております。

A わたくしも、そのように願っております。

B この夏が終わり次第、どこか興味深いところに行きたいものです。

注

I'm afraid that 〜は、本来自分が望んではいないこと、または、好ましいこととは思えない状況や事実を述べるときに用います。They were afraid that they might hurt her sensitive feeling.であれば、「彼らは、彼女の繊細な感情を傷つけてしまうのではないかと思った」という意味になります。

Dialogue 18

I really don't know how I can apologize.
実に、お詫びのしようもございません。

A **I really don't know how I can apologize.**

B I understand the reason why you acted like that.

A Thank you very much for your understanding.

B By the way, shall we drink tonight? I think you really need to fortify yourself. 注

A It's a charming idea, isn't it?

A 実に、お詫びのしようもございません。

B あなたが、どのような理由でそのようになさったのかは理解できます。

A ご理解をありがとうございます。

B ところで、今晩、お酒を飲みに行きませんか。思うに、あなたは、ご自分を元気づける必要があるでしょう。

A 素敵なご提案ですね。

注

fortify(動)は、「元気づける」という意味。あなたの目の前にいる相手の気持ちが沈んでいるとき、その相手に「一杯飲んで元気になる」という趣旨で、I think you need some wine to fortify yourself.(わたくしが思うに、元気を取り戻すために、あなたにはワインが必要でしょう)と述べると、相手の心が元気になると同時に、お互いにおけるコミュニケーションも和やかになるでしょう。

Dialogue 19

I'm sorry that you have been ill for a long time.

実に長い期間にわたってご病気でありましたことを、お察し申し上げます。

Ⓐ I'm sorry that you have been ill for a long time.
Then, now, I'm delighted to see you.

Ⓑ I'm pleased to see you, too.

Ⓐ How are you getting along these days?

Ⓑ Sir, I've been thinking of the theory which I couldn't understand last month. As you already know, it's very abstruse to comprehend the theory for me. I think I need more time to systematically grasp it.

Ⓐ As a matter of fact, I'm planning to find a reasonable expert somewhere who explains it for you.

Ⓑ I really appreciate what you are doing now. Incidentally, Might I read some basic materials for the sake of better comprehension of the theory?

Ⓐ I have some reasonable materials for you. I'd like you to read them, please. As the proverb goes, "There is no royal road to learning." It's a good idea to start from the basic study like other people in general do.

Ⓑ I recovered my health already. I'm ready to do anything I need for my study at any cost.[注]

Ⓐ 実に長い期間にわたってご病気でありましたことを、お察し申し上げます。そして今、再びお目にかかれますことを嬉しく思います。

Ⓑ わたくしも、あなたに再会することができ嬉しく思います。

Ⓐ 最近は、いかがお過ごしですか。

Ⓑ 先月中は、ずっと、しっかりと理解することができなかった一つの理論について考えておりました。ご承知のように、わたくしにとりまして、あの理論を理解することは実に難しいことでございます。あの理論を体系的に理解するには、更なる時間を必要とすると思われます。

Ⓐ 実は、今、あなたに詳しく説明できる妥当な専門家を探しているところでございます。

Ⓑ お手数をお掛けしております。ところで、当該理論を理解する上で役に立つ基礎資料はございますか。

Ⓐ はい、いくつかの妥当な資料があります。是非、あなたに読んでいただきたいと思います。諺にありますように、「学問に王道なし」と言いますね。普通の人々がそうするように、まず第一に、基礎の勉強から始めることが大切です。

Ⓑ 健康は既に取り戻しました。勉強のために必要なことは、すべて、一生懸命に取り組むつもりでございます。

注

at any costは、「どんな犠牲を払っても、是非とも、何としてでも」という意味。これを、at all costsとすることも可能です。「必ず〜したい」という固い意志を表現するときに効果的です。

53

華麗なる友情表現

Dialogue 20

"How we spend our limited time" is the most important matter for us.

わたくしたちにとりまして、「限られた時間をどのように過ごすか」という問題は、最も重要な問題でございます。

A As the proverb runs, "Time flies."[注] I really think that **"how we spend our limited time" is the most important matter for us.**

B I really feel the same.

Ⓐ Time marches on silently. Therefore, we really need to breathe rigidly.

Ⓑ Actually, I've been doing it in the presence of you all the time. Because you are my treasure in my whole life.

Ⓐ 諺にありますように、「光陰矢のごとし」でございます。思いますに、**わたくしたちにとりまして、「限られた時間をどのように過ごすか」という問題は、最も重要な問題でございます。**

Ⓑ 同感でございます。

Ⓐ 時は、沈黙のまま過ぎ去っていきます。それ故に、わたくしたちは、一瞬一瞬を厳格に刻んでいくべきですね。

Ⓑ 実際、わたくしは、あなたの面前で常にそのように過ごしてきました。と言いますのは、あなたの存在は、わたくしの人生における大切な宝であるからです。

注

"Time flies."は諺で、「光陰矢のごとし」という意味。日本の英語スピーカーにおいては"Time flies like an arrow."という表現を用いる人が多いですが、英米社会では、"Time flies."を用いるのが通常です。

Dialogue 21

It is said, "Still waters run deep."

「思慮深い人はべらべらと喋らない」と言われております。

Ⓐ I'd like to enjoy tasting the same air with you together at all times. 注1

Ⓑ I feel privileged to do it, too. 注2

Ⓐ I'm very much pleased to hear it from you.

Ⓑ Usually, you don't speak a lot. However, I can feel what you have in your heart. **It is said, "Still waters run deep."** 注3 I naturally feel your graceful mood is like that.

Ⓐ わたくしは、常に、あなたと共に時間を過ごしたいと願っております。

Ⓑ そうすることは、わたくしにとりましての特権でもございます。

Ⓐ そのようにおっしゃっていただき、大変嬉しく思います。

Ⓑ 通常、あなたは多くを語りませんね。しかし、わたくしは、いつも、あなたの心の中を感じることができます。**「思慮深い人はべらべらと喋らない（静かな水の流れには深みがある）」と言われております。** あなたが備えている雰囲気は、まさに、そのような気品のある雰囲気であるとわたくしは感じます。

56

注1

taste the same air with youは、比喩的に「あなたと共に時間を過ごす（味わう）」という意味を成すエレガントな表現です。

注2

feel privileged to do itは、「そうすることを特権のように感じる」という意味。

注3

"Still waters run deep."（静かな水の流れには深みがある）という諺は、静寂、且つ、厳粛な空気感の下、詩(poem)を読む如く落ち着いてゆっくりと発すると、まさに「極上のエレガンス」を醸し出すことができます。

Dialogue 22

It is a tremendous honour for me to work with you.

あなたと共に仕事に従事できますことを、大変光栄に思っております。

A It is no exaggeration to say that I couldn't do this business well without your help.

B As you know my policy, I'm all set to do anything for your sake.

A **It is a tremendous honour for me to work with you.**

B The honour is all mine. Your word is food for the mind. 注

Ⓐ あなたとご一緒できませんでしたら、この仕事はうまくいかなかったと言っても過言ではありません。

Ⓑ ご承知とは思いますが、わたくしは、いつ何時でもお役に立ちたいと思っております。

Ⓐ **あなたと共に仕事に従事できますことを、大変光栄に思っております。**

Ⓑ 光栄に思っておりますのは、こちらの方でございます。あなたがおっしゃる言葉は、わたくしの心の糧そのものでございます。

注

food for the mindは「心の糧」。food for thoughtであれば「思考の糧」。

Dialogue
23

I think that your sublime performance graces the orchestra immensely.

あなたの荘厳な演奏は、オーケストラ全体に対して計り知れないほどの優美なエネルギーを与えてくれるでしょう。

Ⓐ Sir, it is a sheer bliss for me to attend your concert tomorrow. [注1] Simultaneously, it is also my great honour to listen to your music.

Ⓑ The honour is all mine absolutely.

Ⓐ I think that your sublime performance graces the orchestra immensely. 注2

Ⓑ That's very thoughtful of you to say so.

Ⓐ 明日、あなたのコンサートに出席することは、わたくしにとりましての至上の喜びでございます。また、同時に、あなたの音楽を拝聴できますことは、この上ない名誉なことでもございます。

Ⓑ ご出席していただけますことは、わたくしにとりまして、何よりの名誉でございます。

Ⓐ あなたの荘厳な演奏は、オーケストラ全体に対して計り知れないほどの優美なエネルギーを与えてくれるでしょう。

Ⓑ お気遣いをいただき、ありがとうございます。

注1

a sheer blissは、「至上の喜び」という意味。blissとは、一般英語ではgreat happinessを指します。諺に、"Ignorance is bliss."（無知は至福である）があります。

注2

graceは、会話表現をエレガントにする語の一つ。名詞としてのgraceには、「優美、優雅、上品、美点、恩恵、恵み、礼儀」などの意味があります。また、西洋文明社会では、ローマ・カトリック教の大司教(archbishop)、あるいは、公爵・公爵夫人などに対して"Your Grace"と呼ぶのが通例ですが、これは「閣下」（閣下夫人）という意味になります。

会話文でも出てくるように、graceは動詞としても使えます。動詞としてのgraceは、「優美にする、優雅にする、美しく飾る」など。例えば、フォーマルなパーティーにおいて、目の前の相手に敬意を払う目的でYour presence tonight graces this party very much.と言えば、「今宵のあなたのご臨席によって、このパーティーが実に華やかな雰囲気になっております」という意味になります。また、美術館において鑑賞している絵画を面前としてThis fascinating picture graces our feeling.と言えば、

「この魅力的な絵画は、私たちの気持ちを優雅にしてくれます」という意味になります。

エレガントな言葉の使い方を具現するには、「豊かな心」を備えていることが大前提となります。graceは、まさに「使い手本人の『心の豊かさ』」によって様々な方法で使うことができる「優雅、且つ、贅沢な語」であるといえます。

Dialogue 24

The pity is that she cannot join our activity this time.

残念なことは、今回、彼女がわたくしたちの活動に参加できないことです。

- **A** The pity is that she cannot join our activity this time.
- **B** Is there any solution for that?
- **A** Regrettably, there is no solution. She is bound to stay in Amsterdam with her professor who attends a medical congress from tomorrow. 注

🅑 I see. I assume that nobody can do anything about it.

🅐 **残念なことは、今回、彼女がわたくしたちの活動に参加できないことです。**

🅑 何らかの解決策はありますでしょうか。

🅐 残念ではありますが、解決策は何もないようでございます。彼女は、明日から、医学学会に出席する教授と共にアムステルダムに滞在しなければなりません。

🅑 そうですか。では、どのような解決策もありませんね。

注

医学学会を英語で言うとmedical congress。日本語の「学会」に相当する英語はいくつか考えられます。例えば、association, institute, institution, societyなどであり、学会組織の語の定義によってその使い方は様々です。

Column 1

感性に優れている人は、
「エレガント英語」の習得がすこぶる速い

　わたくしたちは、毎日の生活において実に様々な経験をします。仕事・プライベートに関係なく、わたくしたちは、毎日、ありとあらゆる生活シーンにおいて実にたくさんの出来事に遭遇します。毎日、たくさんの出来事に遭遇しても、「それをどう感じるか」、さらには、「それをどう捉えるか」という問題は、人によって相当の違いがあります。

　例えば、どこかで、自分の成長になる「良い話」を聞いたとしても、それについて「どう感じ、どう捉えるか」というその度合いは、その本人が備える「感性」(sensibility)によってかなり違ってきます。

　デリケートな感性の持ち主は、毎日、自分自身の経験を通して、「自分磨き」のために上手にそれを取り入れることに注意を払うことが多いでしょう。一方、鈍感な感性の持ち主は、自分の目の前にどんなに価値のある存在物・考え方あっても、あまり注意を向けることなく、それを等閑にすることが多いでしょう。概して、「着々と経

　験を活かし、やがて自己実現ができる人・できない人」の差というものは、このあたりから生じるといえるでしょう。

　率直に述べるならば、「エレガント英語の習得の速さ」においても同じことがいえます。即ち、感性の鋭い人は、英語を聴いているとき、「この表現は、実際の会話において実に役に立つ表現である」、または、「今耳にしたこの言葉には、かなり深い意味がある」というように、「敏感な感性」を通してすぐに感じ取ります。このように感性の鋭い英語学習者は、「自分が接した英語を自分のものにする秘訣を知っている人」であるといえます。

　「感性」は、音楽・絵画など、様々な芸術作品を鑑賞するとき、極めて活用度の高い道具であるといえます。英語学習者にとって芸術作品に触れることは、「英語の一語一語における意味・ニュアンス」をより深く捉える上で非常に役に立つ経験となります。

ディクテーション後の確認英文

ここには、本章の英会話の全文をまとめて掲載してあります。できるだけディクテーションを繰り返したのち、確認用としてご活用ください。

Dialogue 1

Ⓐ How do you do?
Ⓑ How do you do? **It is my pleasure to meet you.**

Ⓐ I really feel the same. First of all, I would like to introduce myself. My name is Nancy Brown.
Ⓑ I thank you very much for your kind introduction. My name is Mika Suzuki.

Dialogue 2

Ⓐ **It is a great honour to meet you here.**
Ⓑ The honour (米：honor) is mine.

Ⓐ Today, I hope we have a graceful time together.
Ⓑ I really hope so, too.

Ⓐ At first, would you like to have some tea?
Ⓑ It is a charming idea, isn't it?

Dialogue 3

Ⓐ **Might I introduce myself?**
Ⓑ I am delighted to receive your introduction.

Dialogue 4

Ⓐ Now, **I feel it is my privilege to share this golden opportunity with you together.**
Ⓑ I feel the same.

Ⓐ Is it possible to have my pleasure to talk to you right now?
Ⓑ I'd like you to do so, please.

Dialogue 5

Ⓐ **Might I have a pleasure to introduce myself?**
My name is John Williams. I'm a barrister in London.
Ⓑ It is my great honour to meet you. My name is Natsuko Tanaka. I come from Tokyo, Japan.

Dialogue 6

🅐 **I would like to appreciate what you did for my sake yesterday.**
🅑 Please do not mention it. I just did it as a token of our graceful friendship.

🅐 I deeply feel your splendid friendship.
🅑 As I told you, I really did it with all my heart.

Dialogue 7

🅐 We really enjoyed listening to some pieces of Baroque music at my home last week.
🅑 Yes, we grandly did it. **I was very much impressed to listen to such elegant music at your home.**

🅐 As for me, music is my life. I mean, precisely speaking, life is music in my own definition.
🅑 I see. I surely grasp what you are saying.

Dialogue 8

🅐 **It was a tremendously meaningful opportunity to talk about the difference between the two, the Constitution of the United States of America and the Constitution of Japan.**
🅑 To be frank with you, unfortunately, I have few chances to do so with Japanese lawyers in my working environment in Manhattan.

🅐 I hope we have such a fruitful opportunity upon occasion.
🅑 It will be a great help to improve my culture in law as a lawyer for me, too.

Dialogue 9

🅐 **It was a very romantic time spending with you the day before yesterday.**
🅑 Yes, it really was. What I expect next is the same once again absolutely.

🅐 As long as "The sun rises in the east and sets in the west," we have the same in the near future.
🅑 I also have the same feeling.

Dialogue 10

🅐 **I have no words to express my gratitude.**
🅑 Oh, it's very nice of you to say such a thing. It was a precious experience for me in my life, too.

🅐 You know every inch of Rome. Therefore, I'd like to enjoy visiting a lot of places with you next year, too.
🅑 It is said, "When in Rome, do as the Romans do." I hope you enjoy eating various foods like Romans here.

🅐 As you advise me, I do it.

Dialogue 11

A I really feel what you did yesterday was a tremendously splendid one in consideration of the quality of it.

B I deeply thank you very much for your utterance. As you imagine, I love helping other professionals. By the way, is there anything I can do for your sake?

A Thank you so much for your asking. Now, my business is prospering.

B I see.

A Of course, I would like to ask your help without hesitation, when I need it someday.

B I'm delighted to do anything for your sake anytime.

Dialogue 12

A Someday, would you like to come to my office?

B I thank you very much for your kindness. Surely, I'd like to come to your office in the near future.

A We all will be pleased to see you in our office at all times.

B I feel grateful to know that. I really cannot wait to come.

Dialogue 13

A I truly enjoyed my stay in London last week.

B It was my great pleasure to go there with you together.

A Do you go there with your client upon occasion?

B Yes, I do once in a while, when it is necessary.

A If it is all the same to you, I'd like to come to London with my colleague next time.

B It is a wonderful idea, isn't it?

Dialogue 14

A I absolutely value what you did yesterday.

B The lady was in trouble at that time. I just thought somebody really had to help her.

A She was very fortunate to be helped by you at that time.

B I hope she doesn't have such serious trouble again.

Dialogue 15

A I deeply would like to apologize for the delay in replying to your letter.

B I really understand your current situation. Now, I feel happy to talk to you face to face very much.

A I appreciate your understanding.

B Now, let's get down to business.

Dialogue 16

Ⓐ We can only offer our heartfelt apologies.
Ⓑ We accept your sincere feeling very much.

Ⓐ We try not to commit the same mistake again in future.
Ⓑ That's all right. We all make mistakes.

Dialogue 17

Ⓐ I'm afraid that I can't join you this time. **Please accept my apologies.**
Ⓑ I hope we will have some enjoyable time next.

Ⓐ I eagerly hope so.
Ⓑ I suggest going somewhere interesting after this summer together.

Dialogue 18

Ⓐ **I really don't know how I can apologize.**
Ⓑ I understand the reason why you acted like that.

Ⓐ Thank you very much for your understanding.
Ⓑ By the way, shall we drink tonight? I think you really need to fortify yourself.

Ⓐ It's a charming idea, isn't it?

Dialogue 19

Ⓐ **I'm sorry that you have been ill for a long time.** Then, now, I'm delighted to see you.
Ⓑ I'm pleased to see you, too.

Ⓐ How are you getting along these days?
Ⓑ Sir, I've been thinking of the theory which I couldn't understand last month. As you already know, it's very abstruse to comprehend the theory for me. I think I need more time to systematically grasp it.

Ⓐ As a matter of fact, I'm planning to find a reasonable expert somewhere who explains it for you.
Ⓑ I really appreciate what you are doing now. Incidentally, Might I read some basic materials for the sake of better comprehension of the theory?

Ⓐ I have some reasonable materials for you. I'd like you to read them, please. As the proverb goes, "There is no royal road to learning." It's a good idea to start from the basic study like other people in general do.
Ⓑ I recovered my health already. I'm ready to do anything I need for my study at any cost.

Dialogue 20

Ⓐ As the proverb runs, "Time flies." I really think that **"how we spend our limited time" is the most important matter for us.**
Ⓑ I really feel the same.

Ⓐ Time marches on silently. Therefore, we really need to breathe rigidly.
Ⓑ Actually, I've been doing it in the presence of you all the time. Because you are my treasure in my whole life.

Dialogue 21

Ⓐ I'd like to enjoy tasting the same air with you together at all times.
Ⓑ I feel privileged to do it, too.

Ⓐ I'm very much pleased to hear it from you.
Ⓑ Usually, you don't speak a lot. However, I can feel what you have in your heart. **It is said, "Still waters run deep."** I naturally feel your graceful mood is like that.

Dialogue 22

Ⓐ It is no exaggeration to say that I couldn't do this business well without your help.
Ⓑ As you know my policy, I'm all set to do anything for your sake.

Ⓐ **It is a tremendous honour for me to work with you.**
Ⓑ The honour is all mine. Your word is food for the mind.

Dialogue 23

Ⓐ Sir, it is a sheer bliss for me to attend your concert tomorrow. Simultaneously, it is also my great honour to listen to your music.
Ⓑ The honour is all mine absolutely.

Ⓐ **I think that your sublime performance graces the orchestra immensely.**
Ⓑ That's very thoughtful of you to say so.

Dialogue 24

Ⓐ **The pity is that she cannot join our activity this time.**
Ⓑ Is there any solution for that?

Ⓐ Regrettably, there is no solution. She is bound to stay in Amsterdam with her professor who attends a medical congress from tomorrow.
Ⓑ I see. I assume that nobody can do anything about it.

第 2 章

教養人が話す、一味違う
エレガント英語（応用編）

Dialogue 25 〜 40

エレガントな教養人が楽しむ、朝の挨拶・コミュニケーション

Dialogue 25

It's not a sapient idea to fiddle around.

何もせず、ぶらぶらすることは賢明ではございません。

A What a lovely morning it is! 注1

B Yes, indeed.

A It will be a very fantastic day today because of this lovely morning we have now.

B I feel the same.

A We have a lovely morning. Hence, everything hinges upon what we do today.

B Especially, as for today, **it's not a sapient idea to fiddle around.** 注2 I shall use my time nicely at my discretion. 注3

Ⓐ 素敵な朝ですね。

Ⓑ はい、実にすがすがしい朝ですね。

Ⓐ とても素敵な朝を迎えましたので、今日は素晴らしい一日になりそうですね。

Ⓑ わたくしも同感でございます。

Ⓐ わたくしたちは、素敵な朝を迎えています。それ故、すべては、この日をどのように過ごすかにかかっていますね。

Ⓑ 特に本日は、**何もせず、ぶらぶらすることは賢明ではございません**。わたくしは、わたくし自身の判断の下、適切に時間を使いたいと存じます。

注1

イギリス人は、伝統的国民性として好んでlovelyを使います。It's lovely to see you in this place today.とすれば、「今日、この場所でお目にかかれることを嬉しく思います」という意味になります。

注2

fiddle aroundは、「ぶらぶらする」という意味。fiddle the day awayとすれば、「一日をぶらぶらと空費する」という意味になります。

注3

at my discretionは「わたくしの判断の下で、わたくしの思うままに」の意味。discretionは、「自由裁量、判断の自由、思慮分別」などを意味する名詞です。また、この語は英米法における法律用語としても用いられています。例えば、administrative discretionは行政裁量という意味。

第2章 教養人が話す、一味違うエレガント英語（応用編）

71

"Beauty is in the eye of the beholder."
「美は見る人次第。」

🅐 I'd like to have a beautiful morning every day.
🅑 I absolutely agree with you.

🅐 I consider that how we have a beautiful time early in the morning surpasses description. 注1
🅑 It is said, **"Beauty is in the eye of the beholder."** 注2 If you feel so, you must be very rich in your spirit.

🅐 Alice, what you are saying stimulates my brain very much. I think you are a congenial friend to me.
🅑 It is obviously true that there is perfect chemistry between us.

🅐 毎朝、すがすがしい朝を迎えたいものです。
🅑 まったく同感です。

🅐 早朝にすがすがしい時間を持つという経験は、実に、言葉では表現できませんね。
🅑 概して、「**美は見る人次第**」と言われています。もしあなたがそのように感じるのであれば、あなたはとても豊かな心の持ち主なのだと思います。

🅐 アリス、あなたが発する言葉は、わたくしの脳に刺激を与えてくれます。あなたとわたくしは、お互い、気が合う（相性がいい）のだと思います。

🅑 わたくしたちの相性が完璧であることは、誰が見ても明白ですよ。

注1

surpass（動）は、「超える、超越する、勝る、しのぐ」という意味です。The beauty of the sunrise in the morning surpasses description.を直訳すると「朝に眺める日の出の美しさは、言語表現を超越する」となります。これを自然な形で意訳すると、「朝に眺める日の出の美しさは、言葉では言い表せません（想像以上のものです）」となります。このように、エレガント英語に磨きをかけるためには、単に英語の知識を増やすだけでなく、「自分自身の美意識を洗練させる」ための学習が必要不可欠となります。

注2

Beauty is in the eye of the beholder.は諺で、その意味は「美は見る人次第」。美学として述べるならば、美に対する人間の感じ方・捉え方は、実に人それぞれです。これを別の表現で言えば、Beauty is relative.（美は相対的なものである）。

Dialogue 27

It goes without saying that consciousness-raising for the sake of the refinement of a sense of beauty dramatically ameliorates the "quality of life."

美意識の洗練に向けた努力を重ねていくと、劇的に、「生の質」を高められるということは言うまでもありません。

Ⓐ How I spend my time in the morning is a very important matter for me.

Ⓑ If it is possible, I'd like to know what you mean.

Ⓐ I mean that how I spend my time beautifully in the morning performs well as a ceremony in order to start my engine for a day.

Ⓑ I see. Robert, you have a very constructive idea. Such constructive idea is very powerful to go forth.

Ⓐ You are right. I feel that the raising of a sense of beauty is necessary for me anytime anywhere.

Ⓑ Absolutely right. **It goes without saying that consciousness-raising for the sake of the refinement of a sense of beauty dramatically ameliorates the "quality of life."** 注1、注2

Ⓐ 朝をどのように過ごすかという問題は、わたくしにとりまして極めて重要な問題でございます。

Ⓑ もし可能でしたら、どのような意味であるのか教えていただけますか。

Ⓐ 朝にすがすがしい時間を持つということは、より良い一日を迎えるためのセレモニーになる、という意味です。

Ⓑ そうですね。ロバート、あなたはずいぶん建設的なお考えをお持ちですね。建設的な考えは、着実に前に進む上で実にパワフルな役割を果たします。

Ⓐ おっしゃる通りでございます。いつ何時、どこにおりましても、わたくしには美意識の高揚が必要であると感じるばかりでございます。

Ⓑ まったくです。**美意識の洗練に向けた努力を重ねていくと、劇的に、「生の質」を高められるということは言うまでもありません。**

注1

It goes without saying that ~は、「~は言うまでもないことです」の意味。お互いにとって当たり前の事実・認識ではあるが、その重要性に鑑みて明言したいときに便利な表現です。例えば、It goes without saying that Dr. Albert Einstein discovered an important truth for the sake of the future of humankind.（アルバート・アインシュタイン博士が人類の未来に貢献する重大な原理を発見したということは、今さら言及するには及ばない事実です）。

注2

consciousness-raisingは「意識を高めること」、そして、for the sake of the refinement of a sense of beautyは「美意識の洗練のために」という意味。会話文を直訳すると、「美意識の洗練のために意識を高める」となりますが、日本語では不自然な表現になりますので、これを「美意識の洗練に向けた努力を重ねる」という意訳にしました。

Dialogue 28

The future has not been written yet.
未来は、まだ決まっていません。

A Don't you feel "Time creeps on silently"?

B I feel it every morning.

A Quintessentially speaking, as for all of human beings in the world, life is transient.注1、注2 Therefore, I really think there is no second to waste.

B You are right. I consider that "how we spend our time limited dramatically changes our future."

A Absolutely. As you say that, I shall rigidly take care of time now.

B You are a very important partner on business for me. I'd like you to rigidly breathe momentarily day after day. That's a way I'd like you to do for your future.

A Yes, what you say is really reasonable. Because **the future has not been written yet.**

B By the way, who makes your future? I think nobody makes it.

A Now, I'd like to say that "you are a person who makes your original future." That's why you really need to think of the best way, "how you use your time momentarily."

B I really don't have any word to express my gratitude.

A 「時間は、沈黙のうちにあっという間に過ぎ去るものだ」と感じませんか。

B 毎朝、そのように感じます。

A 本質論を言うならば、人間の一生は本当に短いものです。それ故に、わたくしは、世界中のどのような人間においても、無駄にできる時間は一秒たりともないと考えます。

B おっしゃる通りでございます。わたくしは、「限られた時間をどのように使うかによって、将来の行く末を劇的に変えられる」と考えています。

A 本当にそうですね。あなたがおっしゃいますように、わたくしも、今現在、時間を厳格に刻んでいきたいと存じます。

B あなたは、わたくしにとって、とても大切なビジネス・パートナーです。わたくしは、あなたが、毎日、一瞬一瞬、厳格に時を刻んでいくことを切望します。そうすることこそが、あなたの将来のためになることです。

Ⓐ はい、あなたがおっしゃることは、実に妥当なことであると存じます。その理由は、**未来は、まだ決まっていないからです。**

Ⓑ ところで、一体誰があなたの未来を決めるのでしょうか。思いますに、誰一人としてそれを決める人はいませんね。

Ⓐ 今、わたくしは、「あなたが、あなた自身の未来を決める張本人である」と明言致したく存じます。まさに、あなた自身が、「今のこの瞬間をいかに過ごすか」という問題について考えることが必要なのです。

Ⓑ たくさんの貴重なご助言に対しまして、心からのお礼を申し上げます。

注1

quintessentially speakingを別の表現で言うならば、essentially speakingを用いることができます。quintessentiallyは、主に、英米における学識者・教養人などが使う表現です。quintessentiallyはessentiallyよりも「さらに深い意味での本質」を指します。

注2

Life (human life) is transient.は、「人生ははかない（あっという間に終わる）」という意味。近代医学の恩恵を受け「人生80年」と言われていますが、それにしても、人類史における時間、そして、宇宙空間の時間から鑑みると、人間一人の生きる時間はすこぶる短い時間であると解することができます。

「ビジネスの質」を高める
エレガント英語

Dialogue 29

All of you are really clear-headed professionals.

あなた方すべての皆さんは、頭脳明晰なプロフェッショナルでいらっしゃいます。

🅐 We thank you very much for your wonderful proposal regarding our new project.

🅑 We proposed it as a symbol of our mutual trust.

🅐 We try to be successful in doing our new project with you at any cost.

🅑 This project affects the direction of our business in the future very much.

A Actually, we are not worrying about the project at all. Because **all of you are really clear-headed professionals.**注

B What you are saying is our feeling toward your company, too.

A 新規プロジェクトに関しての素晴らしいご提案をありがとうございます。

B このたびは、相互の信頼の象徴としてご提案を致しました。

A 何とか、新規プロジェクトを成功に導けるよう努力したいと存じます。

B このプロジェクトは、将来におけるわたくしたちのビジネスの行く末に多大な影響を及ぼします。

A 現実には、わたくしたちは、新規プロジェクトについて何も心配していません。なぜならば、**あなた方すべての皆さんは、頭脳明晰なプロフェッショナルでいらっしゃるからです。**

B あなたがおっしゃられていることは、御社に対するわたくしたちの気持ちそのものでもあります。

注

clear-headedは、「頭脳明晰な、頭の切れる、理解力のある、ものを見通す能力のある」などの意味。快く相手の能力・力量を称賛する際に効果抜群です。

Dialogue 30

As long as the sun rises in the east and sets in the west, we do the same for our mutual business all the time.

太陽が東から昇り西に沈む限り、弊社は常に、相互のビジネスのために同様の努力をし続けたいという所存でございます。

Ⓐ It is our great privilege to do such business with you.

Ⓑ We are also eager to go forth together this year.

Ⓐ I'm glad to hear your constructive idea.

Ⓑ **As long as the sun rises in the east and sets in the west, we do the same for our mutual business all the time.**注

Ⓐ 御社と共にビジネスを遂行できることは、弊社にとりましては大きな特権（喜び）でございます。

Ⓑ 弊社におきましても、本年も、引き続き御社と共に前進することを切望しております。

Ⓐ そのような建設的なお考えをおっしゃっていただき、嬉しく思います。

Ⓑ **太陽が東から昇り西に沈む限り、弊社は常に、相互のビジネスのために同様の努力をし続けたいという所存でございます。**

第2章　教養人が話す、一味違うエレガント英語（応用編）

注

"The sun rises in the east and sets in the west."（太陽が東から昇り西に沈む）
は、第1章のDialogue 9で述べたように、広く西洋諸国の教養人・文化人が好ん
で用いる諺です。この諺は、「何が起ころうとも、朝の日の出がある限り、平常心
を持ってやるべきことをやります」という意味合いを表現したいとき、実に役に立つ諺
です。

Dialogue 31

I'd like you to deliberately confirm the details written in the email I sent two days ago.

わたくしが2日前にお送りしたメールに記載されたプロジェクトの詳細について、ゆっくりと確認していただきたくお願い申し上げます。

Ⓐ Did you receive my email regarding the meeting
held on Friday last week?

Ⓑ Yes, I did.

Ⓐ We are now planning to ask you to do some
other projects with us. Therefore, **I'd like you to
deliberately confirm the details written in the
email I sent two days ago.**

Ⓑ Of course, we did it already after receiving your
email. So far, we are delighted to know your new
plans.

Ⓐ Those are really prospective projects for both of us.

Ⓑ At any rate, the time is ripe to start our new projects. 注1、注2

Ⓐ 先週の金曜日に行われたミーティングについてのメールを受信しましたか。

Ⓑ はい、受信しました。

Ⓐ 弊社は、目下、御社に対して追加のプロジェクトの依頼を計画しております。それ故、**わたくしが2日前にお送りしたメールに記載されたプロジェクトの詳細について、ゆっくりと確認していただきたくお願い申し上げます。**

Ⓑ もちろん、メールを受信した後、既に確認を致しました。現在のところ、弊社は御社のご意向について大変嬉しく思っております。

Ⓐ ご提案しました案件は、相互にとりまして将来性のあるプロジェクトでございます。

Ⓑ いずれにしましても、そろそろ新規プロジェクトをスタートさせる良い時期を迎えていますね。

注1

at any rateは「いずれにしても、とにかく」の意味。例えば、At any rate, we have to do this job.（いずれにしても、この仕事をしなければなりません）。

注2

ripe（形）は、「機が熟した、準備の整った」などの意味を成し、英米のビジネス社会で頻繁に使われます。例えば、I think the time is ripe to invest our precious money.（今、投資のために、わたくしたちの大切なお金を運用する絶好の機会が訪れました）。

I'd like to come to your headquarters next month, if it is possible.

もし可能でしたら、来月に御社の本社オフィスに伺いたく存じます。

A **I'd like to come to your headquarters next month, if it is possible.**

B We'll be happily waiting for you. By the way, the economic situation in this country is fluid this year.[注1] Is there anything you'd like to discuss for a more realistic and effective marketing strategy?

A I appreciate your concern. I'd like to discuss the same with you deliberately.[注2]

B We surely do it with pleasure.

A もし可能でしたら、来月に御社の本社オフィスに伺いたく存じます。

B あなたのご訪問を楽しみにお待ちしております。お話は変わりますが、本年におけるこの国の経済情勢は実に不安定でございます。このたび、より現実的、そして、効果的なマーケティング戦略を見出す目的で、何か、お話したいお考えはございますか。

🅐 お気遣いをありがとうございます。実を申しますと、このたび、そのことについてゆっくりとお話したく存じます。

🅑 はい、喜んでそうしたいと存じます。

注1

fluid（形）は「不安定な、流動的な、変化しやすい」の意味。例えば、Ironically, the policy of our company is fluid these years.（皮肉なことではございますが、近年におけるわたくしどもの会社のポリシーは流動的でございます）。

注2

deliberately（副）は「ゆっくりと」の意味。会話文においてslowlyも使えますが、deliberatelyを使えば、言葉が齎す印象に「深み」「重み」を醸し出すことができます。

豊かな心で「華麗なビジネスコミュニケーション」をつくる

Dialogue 33

I really think it is a gift given to do the business with your company together.

御社とビジネスができますことは、弊社にとりましては、まさに賦与された素晴らしい機会であると考えております。

🅐 We've learned so many things from you since we started our mutual business.

🅑 I'm satisfied to hear such remark from you very much.

🅐 **I really think it is a gift given to do the business with your company together.**[注]

🅑 We shall continue having our invincible spirit to do anything for you.

Ⓐ 共にビジネスを始めて以来、弊社は、御社から実に多くの事を学んできました。

Ⓑ あなたからそのようなことをうかがい、大変満足しております。

Ⓐ **御社とビジネスができますことは、弊社にとりましては、まさに賦与された素晴らしい機会であると考えております。**

Ⓑ 弊社は、いつ何時におきましても御社のために対応することができますよう、不屈の精神を堅持し続けたいという所存でございます。

注

a gift givenは、「賦与された贈り物」。これはつまり、「素晴らしい機会を賦与された」という意味合いがそこに内在する表現です。英国貴族をはじめ、英米の教養あるプロフェッショナルが、「賦与された機会に対して心から感謝する気持ち」を表現するときに用います。

Dialogue
34

It is a tremendously great pleasure to deal with you here in London for me.

わたくしにとりまして、ここロンドンにてあなたと取引できますことは、この上のない喜びでございます。

Ⓐ **It is a tremendously great pleasure to deal with you here in London for me.**

Ⓑ Such pleasure is absolutely mine.注

第2章　教養人が話す、一味違うエレガント英語（応用編）

87

Ⓐ わたくしにとりまして、ここロンドンにてあなたと取引できますことは、この上のない喜びでございます。

Ⓑ こちらこそ、どうもありがとうございます。

注

Such pleasure is absolutely mine.は、相手が述べた相手自身のpleasureに対する見解について最大級の敬意を払うと共に、そうしたpleasureは、「自分自身のpleasureそのもの」であるということを相手に伝えたいときに効果的です。

Dialogue 35

Could you give me some information about the interesting company located in Paris you mentioned this morning?

今朝あなたがお話に出したフランス・パリの会社の情報をいただけますか。

Ⓐ Might I have a question?

Ⓑ I'm here to answer any question for you.

Ⓐ If it is possible, **could you give me some information about the interesting company located in Paris you mentioned this morning?**

Ⓑ Yes, I was actually supposed to give you some necessary information about the company for your business strategy.

Ⓐ I thank you very much for your concern from the bottom of my heart.注

Ⓑ Frankly speaking, I just imagine that you must be interested in the company.

Ⓐ 一つお尋ねしたいことがあります。

Ⓑ どのようなことでもお答え致します。

Ⓐ **もし宜しければ、今朝あなたがお話に出したフランス・パリの会社の情報をいただけますか。**

Ⓑ はい、実を申しますと、御社のビジネス戦略立案のお役に立てるのではと思い、必要と思われる情報をご提供させていただこうと考えておりました。

Ⓐ お気遣いのほど、心の底から感謝申し上げます。

Ⓑ 率直に申し上げますと、御社は、その会社に興味があるのではと思っていたところです。

注

from the bottom of my heartは「心の底から」という意味。相手に対して「心からの感謝の気持ち」をしっかりと述べたいときに便利な表現です。

Dialogue 36

I hear that you are a polyglot.
あなたは多言語に通じた人であると聞いています。

A I hear that you are a polyglot.

B Strictly speaking, I'm not sure whether I'm a polyglot or not.(注) I just speak three languages out of necessity.

A あなたは多言語に通じた人であると聞いています。

B 厳密に申し上げますと、わたくし自身、大した能力を備えていないように感じます（多言語に通じているかどうかはわかりません）。一つ申し上げられる事実は、必要に応じて、3つの言語を話すということだけでございます。

注

polyglotは、「多言語に通じた人」という意味です。「2言語を話せる人」はbilingual、2言語以上の言語、即ち、多数の言語に通じた人は、polyglot、または、multilingualと呼びます。

教養人のエレガンス

Dialogue 37

Could you teach me the meaning of philosophy?

哲学の意味についてお教えいただけませんでしょうか。

🅐 **Could you teach me the meaning of philosophy?** 注

🅑 I'm pleased to explain it for your academic sake. The following is my learning at Cambridge. Fundamentally, philosophy has two meanings in it. The first meaning is the comprehensive study of all things related to the universe and human beings for the sake of the pursuit of the essence and the absolute truth.

A I see. It is the meaning most of people in general think. And I'd like you to tell me another meaning of philosophy, please.

B Scientifically speaking, philosophy means the basis of all sciences. This means that you need to learn philosophy as the basis of the sciences as long as you study any science you choose.

A Medically speaking, the artery ramifies into a network of veins. Accordingly, philosophy is the one like the artery for the sake of a network of veins.

B It is a remarkable similitude, isn't it?

A 哲学の意味についてお教えいただけませんでしょうか。

B あなたの学問研究のために喜んでお教えいたします。ケンブリッジ時代に学習したことは次の通りでございます。基本的に、哲学には2つの意味があります。一つ目の意味は、本質と絶対的真理の探究に向けた宇宙、そして、人間存在に関するありとあらゆる問題についての総合研究という意味です。

A わかりました。その意味は、一般の人々が捉える哲学についての意味ですね。では、二つ目の意味についてお教えいただけますか。

B 学問的に述べるならば、哲学はすべての学問の基礎です。このことは、人間がどのような学問分野を研究しようとも、まず第一に、哲学を学ぶ必要があるということを意味します。

🅐 医学の立場から言いますと、動脈は多くの細い血管（枝）に分かれています。したがいまして、哲学を人間の体に喩えるならば、たくさんの細い血管に血液を流す動脈としての位置づけなのですね。

🅑 実に素晴らしい比喩ですね。

注

philosophyは、本来、「哲学、人生哲学、哲理」等の意味。philosophyの語源であるギリシア語においては、「哲学」(philosophia)は、「知」(sophia)を「愛する」(philein)、という意味を成します（生井利幸著、「人生に哲学をひとつまみ」（はまの出版）、33頁参照）。

日本におけるphilosophyの概念は、通常は「哲学」という意味で用いるのが一般的ですが、その反面、西洋におけるphilosophyは大きく2つの意味に分けられます。

西洋におけるphilosophyは、まず第一に「哲学」という意味であり、これは、日本で捉える概念と同じ概念です。そして、philosophyの第二の意味は「学問、学術」。古代ギリシアにおける学者は、研究する分野がどのような分野であっても、まず第一に、学問の基礎である「哲学」を研究することが基本とされました。「学問における『基礎』」は哲学に存する、・・・これは即ち、哲学そのものが、「学問」「学術」であったということを意味するのです。

通常、西洋諸国においては、最高学位である「博士号」をPh.D.と呼びます。Ph.D.はDoctor of Philosophyを意味し、例えば、法学博士であればDoctor of Philosophy in Law、医学博士であればDoctor of Philosophy in Medicineと表現するのが通常です。そして、この場合、このphilosophyという語は、「学問」「学術」という意味で用いられています。

本質論を述べるならば、philosophyとは、1)「哲学」であり、それと同時に、2)「学問」を意味する語です。哲学は、ありとあらゆる学問の基礎です。それ故に、学問を通して真理探究の道を歩む者においては、まず第一に、「学術研究の『基礎』」である哲学を学ぶことが求められます。

Dialogue 38

Philosophy is the basis of human sciences, social sciences and natural sciences.

哲学は、人文科学、社会科学、そして、自然科学の基礎です。

Ⓐ Philosophy is the basis of human sciences, social sciences and natural sciences.

Ⓑ I see. In other words, three major scientific domains are based upon philosophy.

Ⓐ Nowadays, there are a few students who understand the importance of philosophy in the lecture of political science at my university.

Ⓑ I hope your students come to understand the importance of learning philosophy very much.

Ⓐ I hope so, too. Because learning experience of philosophy systematically trains their intellect.

Ⓑ Yes, it sure does.[注]

Ⓐ **哲学は、人文科学、社会科学、そして、自然科学の基礎です。**

Ⓑ そうですね。言い換えれば、学問の三大領域は、いわゆる哲学を基礎としているのですね。

Ⓐ 近頃では、わたくしの大学の政治学の講義において、哲学の重要性について理解する学生はそう多くはありません。

Ⓑ わたくしは、あなたの学生が少しずつ哲学の重要性について理解するようになることを切望します。

Ⓐ わたくしも、日々、そのように切望しております。と申しますのは、哲学の学習経験は、彼らの知性を系統的に磨くことになりますからね。

Ⓑ まったくおっしゃる通りでございます。

注

sureは"副詞扱い"で「確かに、本当に」の意味。主に、アメリカ、カナダで口語として用いられています。文語として用いる場合は、surelyが一般的です。

Dialogue 39

John, you are an incomparable and excellent author.

ジョン、あなたは比類なき優れた作家です。

Ⓐ Might I have a few moments of your time?

Ⓑ I always have a lot of time for you.

Ⓐ **John, you are an incomparable and excellent author.** [注1] Today, I'd like to ask you a question. How do you write your books so smoothly?

Ⓑ As a matter of fact, I truly have to say that there is no smooth way to produce original ideas for authors.

Ⓐ I'd like to know how you reasonably manage your writing as an author in your case.

Ⓑ I try to have a lot of opportunities in order to sensitively feel the matters I experience in my daily life first.

Ⓐ Is that all?

Ⓑ I shall continue telling my story. After feeling the matters sensitively, I extract what I need to deeply think from my feeling experience second. Then, I deeply think about the matters I extracted. After thinking about those matters to some extent, I profoundly philosophize about those third. This is a necessary process to produce my original ideas for writing new books.

Ⓐ Your process to write is quite complicated.

Ⓑ It is complicated, however, such process is indispensable for my job. Otherwise, it would be lumpish to write the essence of the things. 注2

Ⓐ I clearly understand what you are saying. That's a way to be a luminous author internationally like you.

Ⓑ I'm not worthy of your praise.

Ⓐ 少々お時間をいただきたくお願い申し上げます。

Ⓑ あなたのためでしたら、常に、たくさんの時間があります。

Ⓐ **ジョン、あなたは比類なき優れた作家です。**本日は、一つお尋ねしたいことがございます。あなたは、どのようにしてスムーズに本をお書きになられるのでしょうか。

Ⓑ 実際のところ、わたくしたち作家にとりまして、スムーズにオリジナル原稿の執筆を行う方法は皆無に等しいと言わざるを得ません。

Ⓐ あなたの場合、作家として、どのようにして創作活動を行っているのか、お教えいただきたくお願い申し上げます。

Ⓑ まず第一に、日々の生活において、できる限りたくさんのことについて繊細に感じるように心掛けております。

Ⓐ 重きをおいているのは、感じるということだけですか。

Ⓑ では、お話を続けることに致します。第二に、物事について繊細に感じるという経験を通して、そこから何らかの考えるべき具体的問題について抽出します。そして、その抽出した具体的問題について深い思索を試みます。ある程度まで思索を試みた後、第三のプロセスとして、それらについてじっくりと哲学します。以上の経験が、新作を書くための独自のアイディアを生み出す上で必要なプロセスであるといえます。

🅐 あなたの執筆プロセスは、実に大変なプロセスですね。

🅑 はい、おっしゃる通り大変なプロセスでございます。しかし、それは、わたくしの仕事においては必要不可欠なプロセスでございます。この方法を介さなければ、わたくし自身、物事の本質について執筆するそのスピードはかなり遅くなります。

🅐 わたくしには、あなたがおっしゃっていることが良くわかります。そのような創作プロセスを堅持することは、あなたのような世界的に光り輝く作家にとって必要なのですね。

🅑 お褒めいただきまして恐縮致します。

注1

incomparable（形）は、「比類なき、たぐいまれなる」の意味。例えば、It is an incomparable book of American history.（それは、アメリカ史について書かれた比類なき一冊の本です）。

注2

lumpish（形）は、「鈍い、もたもたした、鈍重な」の意味。

Essentially, "Philistinism" gives you nothing.

本来、「物欲」は何も生みません。

Ⓐ Essentially, "Philistinism" gives you nothing.注

Ⓑ Could you explain what you are saying?

Ⓐ I mean materialism itself doesn't improve your culture at all.

Ⓑ Now, I clearly grasped what you meant. Unfortunately, most of people are unconsciously dominated by a lot of superficial and meretricious pieces of information on the Internet.

Ⓐ That's right. IT devices ironically dull the spirit of people in public.

Ⓑ Is there any solution for that?

Ⓐ As a matter of fact, I've been preparing to do something effectual to this society by inches for ages. However, I negatively imagine what I will do doesn't work well in this society.

Ⓑ Could you tell me why you think so?

Ⓐ The reason is very clear. The power of one person is really weak.

Ⓑ I hope that many people ardently follow your idea for the sake of the amelioration of this society.

Ⓐ 本来、「物欲」は何も生みません。

Ⓑ 宜しければ、あなたが何をお話しているのかご説明いただけますか。

Ⓐ 物質主義それ自体は、教養を高める上では何ら役に立つことはないという意味です。

Ⓑ ご説明いただきましたので、今、あなたがおっしゃっていることについてしっかりと理解（把握）することができました。残念なことですが、ほとんどの人々は、無意識のうちに、インターネット上のたくさんの上辺だけの情報・偽りの情報に支配されてしまっています。

Ⓐ おっしゃる通りでございます。IT機器は、皮肉にも一般社会の人々の精神を鈍化させてしまっております。

Ⓑ このことについて、何か解決策はございますか。

Ⓐ 実を申しますと、わたくしは長年、社会に対して何かの方策を講じるべく少しずつ準備をしてきました。そうではありますが、悲観的な見方となりますが、わたくしが行う方策では、大きな変化を齎すには至らないでしょう。

Ⓑ どうしてそのようにお考えになりますか。

Ⓐ 理由は実に明白でございます。一人の人間の力は無力に等しいからです。

Ⓑ わたくしは、この社会が改善されるべく、多くの人々が熱烈な思いを持ってあなたのお考えに賛同することを切望します。

注

Philistinismは、「俗物根性、実利主義、無教養、ペリシテ人かたぎ」。Philistinismは、古くは紀元前13世紀当時パレスチナ海岸地帯に定住していたPhilistine（ペリシテ人）に由来。Philistineは、イスラエル人を攻撃した戦いを好む種族として知られています。英米では、Philistinismは、旧約聖書に精通する教養人が用いる語です。

第2章　教養人が話す、一味違うエレガント英語（応用編）

Column 2

料理を楽しむ秘訣は、同時に、
「エレガント英語を習得する秘訣」でもある

　読者の皆さんの中に、美味しい料理を作るために、どこかのクッキングスクールに通った経験を持っている人は相当数いるでしょう。

　例えば、外出したときにレストランで美味しいものを食べると、料理が好きな人であれば、実際に自分でも作ってみたいと考えますね。料理が好きな人は、新しい料理の作り方を学ぶとき、クッキングスクールに通ったり、または、綺麗な写真と一緒にその料理の方法を説明しているテキストを購入するでしょう。

　クッキングスクールに通う人は、最初は、スクールの先生のインストラクションにしたがって料理を作り、一方、テキストで学ぶ人は、テキストにしたがって料理を作ります。

　ところが、料理好きの人が、一定期間にわたって同じ料理を何度も作っていると、テキスト通りでは満足しなくなり、ある時点から、同じ料理を作るそのプロセスにおいて自分なりの調理法・味付けをするようになります。その理由は、料理の方法の基盤は同じでも、細かいところにおいて「自分なりの味付け」をするようになるからです。

　料理における「感性」に優れている人は、人から教わった方法だけでは満足せず、そこに、独自の方法を取り入れようとします。わたくし自身、これまでの人生経験において実に様々な料理を食べてきましたが、美味しい料理を作る人は、実に、この

102

　点において異なるのだと感じます。
　英語にcultivateという動詞があります。この語は、まさにこのことを意味するものであると、わたくしは捉えます。既に得た知識・情報・技術・方法などをそのままの状態に放置しておくのではなく、「自分独自の方法で、それを発展させる」という行為に意味が生じるのだと思います。cultivateが名詞になるとcultivation (culture)、これは即ち、developmentでもあるわけです。この考え方を理解できる人は、エレガント英語を習得するスピードはかなり速いといえるでしょう。
　英会話スクールで学ぶ学習者が、ある程度英語を習得するまでは、とにかく講師のインストラクションにしたがってたくさんの英語表現を学ぶことが先決となります。そして、ある程度、日常生活における様々なシーンが英語で言えるようになったら、今度は、それまでの知識を基盤として「自分なりの味付け」を行うことが必要となります。「基礎英語の基盤づくり」を終え、その上で自分の「経験」「感性」に基づいた英語表現を構築することに相当なる注意を払うことにより、より高いステージで英語を操ることが可能になります。
　感性に優れた人は、a shared sense of communication（時間を共有しようとするコミュニケーション・センス）に基づき、徐々に、自己のエレガント英語を洗練させていくことができるでしょう。

Column 3

知識と教養の相違の理解から、「エレガント英語への道のり」を歩む

　一般社会には、物事についてたくさん知っている人がいます。本・雑誌・新聞・インターネットなどを通して、様々な知識・情報・データを得る人は実に大勢います。しかし、かりにたくさんのことを知っていても、「それをどのように活用し、どのように社会やコミュニティーのために役立てることができるか」という問題について深く考える人はそう多くはないでしょう。

　普通の教育を受けた人であるならば、言語上の語彙として、「知識」(knowledge)、そして、「教養」(culture)という語は知っています。しかし実際、これら二つの語の概念・定義について、それらをしっかりと把握し、十分に理解している人は少ないでしょう。

　冒頭で述べた内容と関連付けながら説明すると、知識とは、「単にものを知っている」ということです。つまり、これは、知ろうとするプロセスを通して得た「情報」「データ」そのものを指す語です。

　一方、教養とは、既に得た「情報」「データ」について、それらを、他者やコミュニティー、さらには、社会一般の「幸福」(happiness)や「利益」(benefit)を実現するために役立てるための「知恵」(wisdom)を指します。

　英語では「文化」をcultureと呼びます。同時に、このcultureという語は、「教養」という意味でもあります。言うまでもなく、世界に存する様々な文化・英知を面前とし、その「真髄」(quintessence)に触れるためには、相当なる「教養」(culture, cultivation)を備えていることが必要となります。

　本来において、「知っている」という概念と「役立てる」という概念は、それぞれ異なる概念です。このような観点を踏まえて言えることは、読者の皆さんが学習するエレガント英語も、ただ単に、知識として覚えるだけでなく、「何らかの目的」を果たすために学習するべきであるということです。

　エレガント英語は、あなたがエレガントに英語を喋って自己満足に浸るためにあるのではありません。エレガント英語は、「今、実際にコミュニケーションを図っている相手の幸福のため」に存在するのです。即ち、エレガンスという概念は、自己顕示欲の具現のためにあるのではなく、他者に対して「心地よいムード」(a comfortable mood)を醸し出すために存在するのです。

ディクテーション後の確認英文

ここには、本章の英会話の全文をまとめて掲載してあります。できるだけディクテーションを繰り返したのち、確認用としてご活用ください。

A What a lovely morning it is!
B Yes, indeed.

A It will be a very fantastic day today because of this lovely morning we have now.
B I feel the same.

A We have a lovely morning. Hence, everything hinges upon what we do today.
B Especially, as for today, **it's not a sapient idea to fiddle around**. I shall use my time nicely at my discretion.

A I'd like to have a beautiful morning every day.
B I absolutely agree with you.

A I consider that how we have a beautiful time early in the morning surpasses description.
B It is said, **"Beauty is in the eye of the beholder."** If you feel so, you must be very rich in your spirit.

A Alice, what you are saying stimulates my brain very much. I think you are a congenial friend to me.
B It is obviously true that there is perfect chemistry between us.

A How I spend my time in the morning is a very important matter for me.
B If it is possible, I'd like to know what you mean.

A I mean that how I spend my time beautifully in the morning performs well as a ceremony in order to start my engine for a day.
B I see. Robert, you have a very constructive idea. Such constructive idea is very powerful to go forth.

A You are right. I feel that the raising of a sense of beauty is necessary for me anytime anywhere.

🅑 Absolutely right. **It goes without saying that consciousness-raising for the sake of the refinement of a sense of beauty dramatically ameliorates the "quality of life."**

🅐 Don't you feel "Time creeps on silently"?

🅑 I feel it every morning.

🅐 Quintessentially speaking, as for all of human beings in the world, life is transient. Therefore, I really think there is no second to waste.

🅑 You are right. I consider that "how we spend our time limited dramatically changes our future."

🅐 Absolutely. As you say that, I shall rigidly take care of time now.

🅑 You are a very important partner on business for me. I'd like you to rigidly breathe momentarily day after day. That's a way I'd like you to do for your future.

🅐 Yes, what you say is really reasonable. Because **the future has not been written yet.**

🅑 By the way, who makes your future? I think nobody makes it.

🅐 Now, I'd like to say that "you are a person who makes your original future." That's why you really need to think of the best way, "how you use your time momentarily."

🅑 I really don't have any word to express my gratitude.

🅐 We thank you very much for your wonderful proposal regarding our new project.

🅑 We proposed it as a symbol of our mutual trust.

🅐 We try to be successful in doing our new project with you at any cost.

🅑 This project affects the direction of our business in the future very much.

🅐 Actually, we are not worrying about the project at all. Because **all of you are really clear-headed professionals.**

🅑 What you are saying is our feeling toward your company, too.

🅐 It is our great privilege to do such business with you.

🅑 We are also eager to go forth together this year.

🅐 I'm glad to hear your constructive idea.

🅑 **As long as the sun rises in the east and sets in the west, we do the same for our mutual business all the time.**

Dialogue 31

Ⓐ Did you receive my email regarding the meeting held on Friday last week?
Ⓑ Yes, I did.

Ⓐ We are now planning to ask you to do some other projects with us. Therefore, **I'd like you to deliberately confirm the details written in the email I sent two days ago.**
Ⓑ Of course, we did it already after receiving your email. So far, we are delighted to know your new plans.

Ⓐ Those are really prospective projects for both of us.
Ⓑ At any rate, the time is ripe to start our new projects.

Dialogue 32

Ⓐ **I'd like to come to your headquarters next month, if it is possible.**
Ⓑ We'll be happily waiting for you. By the way, the economic situation in this country is fluid this year. Is there anything you'd like to discuss for a more realistic and effective marketing strategy?

Ⓐ I appreciate your concern. I'd like to discuss the same with you deliberately.
Ⓑ We surely do it with pleasure.

Dialogue 33

Ⓐ We've learned so many things from you since we started our mutual business.
Ⓑ I'm satisfied to hear such remark from you very much.

Ⓐ **I really think it is a gift given to do the business with your company together.**
Ⓑ We shall continue having our invincible spirit to do anything for you.

Dialogue 34

Ⓐ **It is a tremendously great pleasure to deal with you here in London for me.**
Ⓑ Such pleasure is absolutely mine.

Dialogue 35

Ⓐ Might I have a question?
Ⓑ I'm here to answer any question for you.

Ⓐ If it is possible, **could you give me some information about the interesting company located in Paris you mentioned this morning?**
Ⓑ Yes, I was actually supposed to give you some necessary information about the company for your business strategy.

Ⓐ I thank you very much for your concern from the bottom of my heart.
Ⓑ Frankly speaking, I just imagine that you must be interested in the company.

Ⓐ I hear that you are a polyglot.
Ⓑ Strictly speaking, I'm not sure whether I'm a polyglot or not. I just speak three languages out of necessity.

Ⓐ Could you teach me the meaning of philosophy?
Ⓑ I'm pleased to explain it for your academic sake. The following is my learning at Cambridge. Fundamentally, philosophy has two meanings in it. The first meaning is the comprehensive study of all things related to the universe and human beings for the sake of the pursuit of the essence and the absolute truth.

Ⓐ I see. It is the meaning most of people in general think. And I'd like you to tell me another meaning of philosophy, please.
Ⓑ Scientifically speaking, philosophy means the basis of all sciences. This means that you need to learn philosophy as the basis of the sciences as long as you study any science you choose.

Ⓐ Medically speaking, the artery ramifies into a network of veins. Accordingly, philosophy is the one like the artery for the sake of a network of veins.
Ⓑ It is a remarkable similitude, isn't it?

Ⓐ Philosophy is the basis of human sciences, social sciences and natural sciences.
Ⓑ I see. In other words, three major scientific domains are based upon philosophy.

Ⓐ Nowadays, there are a few students who understand the importance of philosophy in the lecture of political science at my university.
Ⓑ I hope your students come to understand the importance of learning philosophy very much.

Ⓐ I hope so, too. Because learning experience of philosophy systematically trains their intellect.
Ⓑ Yes, it sure does.

Ⓐ Might I have a few moments of your time?
Ⓑ I always have a lot of time for you.

Ⓐ John, you are an incomparable and excellent author. Today, I'd like to ask you a question. How do you write your books so smoothly?
Ⓑ As a matter of fact, I truly have to say that there is no smooth way to produce original ideas for authors.

Ⓐ I'd like to know how you reasonably manage your writing as an author in your case.
Ⓑ I try to have a lot of opportunities in order to sensitively feel the matters I experience in my daily life first.

Ⓐ Is that all?
Ⓑ I shall continue telling my story. After feeling the matters sensitively, I extract what I need to deeply think from my feeling experience second. Then, I deeply think about the matters I extracted. After thinking about those matters to some extent, I profoundly philosophize about those third. This is a necessary process to produce my original ideas for writing new books.

Ⓐ Your process to write is quite complicated.
Ⓑ It is complicated, however, such process is indispensable for my job. Otherwise, it would be lumpish to write the essence of the things.

Ⓐ I clearly understand what you are saying. That's a way to be a luminous author internationally like you.
Ⓑ I'm not worthy of your praise.

Ⓐ **Essentially, "Philistinism" gives you nothing.**
Ⓑ Could you explain what you are saying?

Ⓐ I mean materialism itself doesn't improve your culture at all.
Ⓑ Now, I clearly grasped what you meant. Unfortunately, most of people are unconsciously dominated by a lot of superficial and meretricious pieces of information on the Internet.

Ⓐ That's right. IT devices ironically dull the spirit of people in public.
Ⓑ Is there any solution for that?

Ⓐ As a matter of fact, I've been preparing to do something effectual to this society by inches for ages. However, I negatively imagine what I will do doesn't work well in this society.
Ⓑ Could you tell me why you think so?

Ⓐ The reason is very clear. The power of one person is really weak.
Ⓑ I hope that many people ardently follow your idea for the sake of the amelioration of this society.

第 3 章

教養人が好む、
「エレガント聖書英語」

Dialogue 41 〜 55

"Human beings cannot live on bread alone."

「人はパンだけで生きるものではない。」

Dialogue 41

"Human beings cannot live on bread alone."

「人はパンだけで生きるものではない。」

A Have you ever thought about the meaning of life?

B Yes, I have.

A I'd like you to tell me about the meaning of life for you, please.

B The scripture says, **"Human beings cannot live on bread alone**, but need every word that God speaks." 注1、注2

Ⓐ I see what you mean. We need every word that God speaks in order to live well.

Ⓑ That's right.

Ⓐ 人生の意味について考えたことはありますか。

Ⓑ はい、あります。

Ⓐ では、あなたにとっての人生の意味についておっしゃっていただけますか。

Ⓑ 聖書は、「人はパンだけで生きるものではない。神の口から出る一つひとつの言葉で生きる」と述べています。

Ⓐ あなたがおっしゃっている意味が良くわかります。わたくしたちがより良く生きるためには、神が発する一つひとつの言葉と共に生きることが大切なのですね。

Ⓑ はい、その通りでございます。

注1

the scriptureは、いわゆる聖書(the Bible)を指します。その他の用法としては、経典や聖典を意味します。Buddhist scripturesとすれば「仏典」の意味。

注2

"Human beings cannot live on bread alone, but need every word that God speaks." (Matthew 4. 1-11; Mark 1. 12, 13; Luke 4. 1-13)　この言葉は、イエス・キリストが40日間断食し、空腹で、極限状態に直面しているときに発した言葉です。

Dialogue 42

How you take action according to the Bible gives you a fruitful life day after day.

聖書の教えに従って生きるならば、毎日、実りある日々を過ごすことができます。

A The world is really full of temptations.

B I absolutely think that it's the fact we should not forget.

A Oh, yes, you are right.

B I really feel that we human beings must tread the path of virtue every day. 注1

A Delightedly, I shall follow your right idea as you say it to me.

B **How you take action according to the Bible gives you a fruitful life day after day.** As the Bible says, "human beings need every word that God speaks." 注2

A 世の中は、実に、誘惑だらけです。

B わたくしは、これは、忘れてはならない事実の一つであると思います。

🅐 本当にその通りです。

🅑 わたくし自身、わたくしたち人間は、日々、徳の道を歩まなければならないと切実に感じるばかりです。

🅐 喜びを持って、わたくしは、あなたがおっしゃるその正しい考えに従いたく存じます。

🅑 **聖書の教えに従って生きるならば、毎日、実りある日々を過ごすことができます。**聖書は、「人は神の口から出る一つひとつの言葉で生きる」と述べています。

注1

tread the path of virtueは、「徳（善）の道を歩む」という意味。

注2

"Human beings need every word that God speaks." (Matthew 4. 1-11; Mark 1. 12, 13; Luke 4. 1-13)

Dialogue 43

I consider that it is a privilege given to human beings to live well according to the teachings of the Bible.

わたくしは、人間には、聖書の教えに従ってより良く生きる特権が賦与されていると考えております。

Ⓐ The Bible says, "Human beings need every word that God speaks." 注1

Ⓑ Do you mean that we always need to listen to the words spoken by God?

Ⓐ Yes, I mean it.

Ⓑ As you imagine, we can live well through listening to those spoken by God in our daily life.

Ⓐ **I consider that it is a privilege given to human beings to live well according to the teachings of the Bible.**

Ⓑ Yes, we are privileged to use such privilege given by God to do so. 注2

Ⓐ 「人は神の口から出る一つひとつの言葉で生きる」と、聖書に書かれています。

Ⓑ それは、わたくしたち人間は、常に神の言葉を聞きながら生きるべきであるということを意味するのですか。

🅐 はい、そうです。

🅑 あなたが想像するように、わたくしたち人間は、神の言葉に生きることによって、より良く生きることができるのです。

🅐 わたくしは、人間には、聖書の教えに従ってより良く生きる**特権が賦与されている**と考えております。

🅑 はい、わたくしたち人間には、神によって、そのような特権を使うという特権が賦与されております。

注1

"Human beings need every word that God speaks." (Matthew 4. 1-11; Mark 1. 12, 13; Luke 4. 1-13)

注2

we are privileged to 〜は、「〜を使うという特権が賦与されている」という意味。会話文では、we are privileged to use such privilegeと述べられているように、動詞としてのprivilegeと名詞としてのprivilegeが使われています。これは、英米の教養人が使う格調高い表現の典型の一つです。会話文では、「『特権』を使うための『特権』が賦与されている」という二重の使い方を用いることで「特権の神聖性」を表現しています。

"Love for enemies."
「敵を愛しなさい。」

Might I have a pleasure to guide you some more?

さらに、わたくしの考えを述べても宜しいでしょうか。

A Usually, you love your family and friends who love you.

B Yes, that's the way to love as for a lot of people.

A It is natural for many people to do it.

B That is so. Is there anything important to think about love?

Ⓐ **Might I have a pleasure to guide you some more?**注

Ⓑ I'd like you to go on, please.

Ⓐ 通常の場合、人間は、自分を愛する家族や友人を愛します。

Ⓑ はい、たくさんの人々がそうしますね。

Ⓐ たくさんの人々にとって、そうすることは当然のことでございます。

Ⓑ おっしゃる通りでございます。愛について、他に何か考えるべき重要なことはございますか。

Ⓐ さらに、わたくしの考えを述べても宜しいでしょうか。

Ⓑ どうぞお続けいただきたく存じます。

注

Might I have a pleasure to ～?（～しても宜しいでしょうか）は、「相手に対する謙虚な姿勢」を示す表現として用いられ、この会話の流れの中では、話し手に内在する「華麗極まりない謙虚な姿勢」をうかがうことができます。

Jesus Christ said, "Love your enemies and pray for those who persecute you."

イエス・キリストは、「敵を愛し、自分を迫害する者のために祈りなさい」と言いました。

Ⓐ Jesus Christ said, "Love your enemies and pray for those who persecute you." 注

Ⓑ I see. I consider that it's very important to love all people including those who don't love you.

Ⓐ イエス・キリストは、「敵を愛し、自分を迫害する者のために祈りなさい」と言いました。

Ⓑ そうでございますか。わたくしも、自分を愛さない人々も含めて、すべての人々を愛することが大切であると考えます。

注

"Love your enemies and pray for those who persecute you." (Matthew 5. 44-48; Luke 6. 27, 28, 32-36)

Dialogue 46

If you love all people including your enemies who hate you, "you may become the children of your father in heaven."

もし、あなたが、あなたを憎む敵も含めて、すべての人々を愛するならば、「あなたは、天の父の子となるでしょう」。

Ⓐ **If you love all people including your enemies who hate you, "you may become the children of your father in heaven."** 注1

Ⓑ I really think so. I take action according to such idea.

Ⓐ Surely, you can live beautifully day after day through doing it.

Ⓑ Essentially speaking, it is truly easy to fall into the snares of evil for all human beings. 注2 I shall always keep my austerity to love all of people according to the teachings of the Bible.

Ⓐ もし、あなたが、あなたを憎む敵も含めて、すべての人々を愛するならば、「あなたは、天の父の子となるでしょう」。

Ⓑ わたくしもそのように考えます。わたくしも、そのような考えに従って行動致します。

121

Ⓐ 必ずや、あなたは、そのように行動することによって、迎える一日一日を美しく生きることができるでしょう。

Ⓑ 本質的に述べるならば、すべての人間にとって、悪の誘惑に乗ることは実に簡単でございます。わたくしは、聖書の教えに従って、常にすべての人々を愛するべく、自己自身の厳格性を維持してまいりたいと存じます。

注1

"You may become the children of your father in heaven." (Matthew 5. 44-48; Luke 6. 27, 28, 32-36)

注2

fall into the snares of evilは、「悪の誘惑に乗る」という意味。John is an easy person to fall into the snares of evil in his daily life.であれば、「ジョンは、日常生活において、悪の誘惑に簡単に乗ってしまう人である」という意味。

第3章 教養人が好む「エレガント聖書英語」

"Store up riches for yourselves in heaven."

「富は、天に積みなさい。」

Dialogue 47

It is written in the Bible, "Do not store up riches for yourselves here on earth."

「あなたがたは地上に富を積んではならない」と、聖書に書かれています。

A **It is written in the Bible, "Do not store up riches for yourselves here on earth."** 注1

B Would you tell me why it is so?

A Because if you store up riches for yourselves here on earth, "moths and rust destroy those, and robbers break in and steal those." 注2

B I can imagine that judging from my daily life.

123

🅐 「あなたがたは地上に富を積んではならない」と、聖書に書かれています。

🅑 どうしてそうであるのかご説明いただけますか。

🅐 もし、あなたがたが地上に富を積むならば、「そこでは、虫が食ったり、さび付いたりしますし、盗人が忍び込んで盗み出すからです」。

🅑 日々の生活から判断すると、想像できることですね。

注1
"Do not store up riches for yourselves here on earth." (Matthew 6. 19-21; Luke 12. 33, 34)

注2
"moths and rust destroy, and robbers break in and steal." (Matthew 6. 19)

Dialogue
48

"Store up riches for yourselves in heaven, where moths and rust cannot destroy, and robbers cannot break in and steal."

「富は、天に積みなさい。そこでは、虫が食うことも、さび付くこともなく、また、盗人が忍び込むことも盗み出すこともない。」

Ⓐ I'd like to know how we should interpret riches we possess.

Ⓑ The Bible says, **"Store up riches for yourselves in heaven, where moths and rust cannot destroy, and robbers cannot break in and steal."** 注1

Ⓐ Yes, you are right, sir. The Bible also says, "For your heart will always be where your riches are." 注2

Ⓑ Absolutely right.

Ⓐ Unfortunately, many people here in this world are dominated by materialism. 注3 Therefore, we must think the essence of human existence deliberately in order to live well as human beings.

Ⓑ I think we need to subordinate materialism to spiritualism. I hope we can be spiritually rich day after day.

Ⓐ Yes, it is very crucial to free ourselves from the mental bondage deriving from what we materially possess.

Ⓑ Indeed.

Ⓐ わたくしたちが所有する富について、どのように解釈したらよいかお教えいただきたいのですが。

Ⓑ 聖書には、「**富は、天に積みなさい。そこでは、虫が食うことも、さび付くこともなく、また、盗人が忍び込むことも盗み出すこともない**」と書かれています。

Ⓐ はい、おっしゃる通りでございます。また、聖書には、「あなたの富のあるところに、あなたの心もあるのだ」と書かれていますね。

Ⓑ その通りでございます。

Ⓐ 不幸なことではありますが、この世界における多くの人々は、物質主義に支配されています。それ故、わたくしたちは、人間としてより良く生きるために、じっくりと人間存在における本質について考えなければならないでしょう。

Ⓑ わたくしは、物質主義よりも精神主義に重きをおくべきであると考えます。わたくしは、日々、精神的に豊かでありたいと願っております。

🅐 はい、わたくしたちは、物を所有していることから生じる心の奴隷状態から、自分自身を解放させることが必要であろうかと存じます。

🅑 まったく同感でございます。

注1

"Store up riches for yourselves in heaven, where moths and rust cannot destroy, and robbers cannot break in and steal." (Matthew 6. 20)

注2

"For your heart will always be where your riches are." (Matthew 6. 21)

注3

materialismは「物質主義、唯物主義、唯物論」等の意味。また、spiritualismは「精神主義、観念論、唯心論」等の意味。会話文では、「人間が生きる」という一連の行為において、諸々の価値を「物」ではなく、「心」「精神」におくことが重要であるということを意味しています。

A difficult way gives you a genuine direction to live well as a rational existent standing upon this planet.

困難から逃げない生き方は、地球に存する理性的存在者として、より良く生きるための本物の道を示してくれます。

Ⓐ Might I ask you a question? If it is possible, I'd like you to teach me the best way to live well as a rational existent standing upon this planet.

Ⓑ There are always two ways, "an easy way" and "a difficult way" for living in our human life given by God. **A difficult way gives you a genuine direction to live well as a rational existent standing upon this planet.**

Ⓐ I see. I can clearly imagine that. I deeply thank you very much for your sapient advice.[注1]

Ⓑ Philip, you continue seeing a "decisive bifurcation" of the two in front of you at all times, if you rigidly live momentarily in your 24 hours every day. As I mentioned already, those are the two, an easy way and a difficult way.

Ⓐ I totally understand what you are saying.

Ⓑ I hope you courageously choose a difficult way for your meaningful progress. It goes without saying that a difficult way gives you a genuine direction to live rationally. Such way of living graces the quality of your life very much.

Ⓐ Human beings need to gain experience, especially difficult experience from the cradle to the grave.注2

Ⓑ That's right. It is said, "Experience is the mother of wisdom."

Ⓐ 一つお尋ねしても宜しいでしょうか。もし、可能でございますならば、地球に存する一個の理性的存在者として、より良く生きる方法をご教授いただきたいのですが。

Ⓑ 神から賦与された人間の人生には、「簡単な方法で生きる生き方」、そして、「困難から逃げない生き方」があります。**困難から逃げない生き方は、地球に存する理性的存在者として、より良く生きるための本物の道を示してくれます。**

Ⓐ そうでございますか。わたくしには、あなたがおっしゃることが明確に想像できます。見識のあるご助言をいただきまして誠にありがとうございます。

B フィリップ、もし、あなたが毎日の24時間において一瞬一瞬を厳格に生きるならば、あなたは、常に、2つの道に分かれる「将来を決定する重要な分岐点」を見続けるでしょう。既にお話しましたように、それら2つとは、「簡単な方法で生きる生き方」、そして、「困難から逃げない生き方」です。

A あなたがおっしゃっていることが良くわかります。

B わたくしは、あなたが意味のある発展を遂げるべく、勇気を持って困難に立ち向かう生き方をしていただきたいと切望しております。言うまでもありませんが、困難に挑む生き方は、理性的に生きるための真の生き方でございます。そのような生き方は、あなたの人生の質を劇的に向上させてくれるでしょう。

A 人間は、揺りかごから墓場まで（生まれてから死ぬまで）、経験、特に、困難な経験を積むことが必要なのですね。

B そうでございます。「体験は、英知の母」と言われておりますね。

注1

sapient（形）は、「知恵のある、賢い」という意味。英米社会でこの語を用いると、聞き手に対して文語的な古い表現という印象を与えますが、会話において「教養が感じられる格調の高い空気感」を醸し出したいときに威力を発揮します。

注2

from the cradle to the graveは「揺りかごから墓場まで」の意味。これをfrom the womb to the tomb（生まれてから死ぬまで）とすることも可能です。

"Go in through the narrow gate."
「狭い門から入りなさい。」

"Go in through the narrow gate."
「狭い門から入りなさい。」

Ⓐ The Bible says, **"Go in through the narrow gate."** 注

Ⓑ As a matter of fact, I have been thinking of the meaning of it.

Ⓐ As you imagine, there is a holy meaning in it.

Ⓑ Now, I feel I'm blessed to hear something important from you.

Ⓐ 「狭い門から入りなさい」と聖書に書かれています。

Ⓑ 実を申しますと、わたくしは、その言葉の意味について考えておりました。

131

🅐 あなたが考えますように、この言葉には、神聖なる意味が内在します。

🅑 今、わたくしは、あなたから何らかの重要なことをうかがえることに感謝申し上げます。

> 注
> "Go in through the narrow gate." (Matthew 7. 13-14; Luke 13. 24)

"The gate to hell is wide."
「滅びに通じる門は広い。」

🅐 It is written in the Gospel according to Matthew in the New Testament, "Go in through the narrow gate, because the gate to hell is wide and the road that leads to it is easy, and there are many who travel it."[注]

🅑 **"The gate to hell is wide."** It means the wide gate is a fake gate.

🅐 That's right.

🅑 I deeply feel it through my life experience.

Ⓐ「狭い門から入りなさい。滅びに通じる門は広く、その道も広々として、そこから入る者が多い」と、新約聖書のマタイによる福音書に書かれています。

Ⓑ「**滅びに通じる門は広い。**」　これは、広い門は、偽りの門であるということなのでしょう。

Ⓐ　その通りでございます。

Ⓑ　わたくしは、自分の人生経験を通して、深くそのように感じます。

注

"Go in through the narrow gate, because the gate to hell is wide and the road that leads to it is easy, and there are many who travel it." (Matthew 7. 13)

Dialogue
52

"The gate to life is narrow and the way that leads to it is hard, and there are few people who find it."

「命に通じる門はなんと狭く、その道も細いことか。それを見いだすものは少ない。」

Ⓐ The wide gate is a fake gate. It means the narrow gate is a real gate.

Ⓑ I think it tells us the truth in human life.

Ⓐ Would you like to know about this idea some more?

Ⓑ Yes, I'd like to know it.

Ⓐ It is written in Matthew, **"The gate to life is narrow and the way that leads to it is hard, and there are few people who find it."** 注

Ⓑ I see. This idea teaches us the importance of choosing the narrow gate to obtain eternal life.

Ⓐ 広い門は、偽りの門である。即ち、狭い門こそが、真の門であるということです。

Ⓑ わたくしは、それは、人間の人生における真実を述べているのだと考えます。

Ⓐ さらに、このことについてお知りになりたいですか。

Ⓑ はい、もう少し知りたいです。

Ⓐ マタイによる福音書に、「**命に通じる門はなんと狭く、その道も細いことか。それを見いだすものは少ない**」と書かれています。

Ⓑ そうですか。この教えは、永遠の命を得るには狭い門を選ぶことが大切だ、ということを説いているのですね。

注

"The gate to life is narrow and the way that leads to it is hard, and there are few people who find it." (Matthew 7. 14)

"Knock, and the door will be opened to you."

「門をたたきなさい。そうすれば、門は開かれる。」

Dialogue 53

"Ask, and you will receive."

「求めなさい。そうすれば、与えられる。」

A I'm not sure how I need to manage myself at my company. I'm disturbed so much.

B At first, I'd like to know the problem you have.

A Frankly speaking, I'd like to have some advice from my boss regarding the next project. I really worry about the way to reasonably do it.

B I see. As the Bible says, **"Ask, and you will receive."** 注

Ⓐ わたくしは、わたくしの会社でどのように行動していったらよいのか、よくわからなくなっております。わたくしは今、このことで困惑しております。

Ⓑ まず最初に、あなたが直面している問題についてお教えください。

Ⓐ 率直に申し上げますと、次のプロジェクトについて、上司から何らかの助言が欲しいのです。わたくしは今、次のプロジェクトを妥当に行うその方法について心配しております。

Ⓑ そうですか。聖書には、**「求めなさい。そうすれば、与えられる」**と書かれています。

> 注

"Ask, and you will receive." (Matthew 7. 7-11; Luke 11. 9-13)

"Seek, and you will find."
「探しなさい。そうすれば、見つかる。」

Ⓐ I'm supposed to graduate from college next year. However, I still don't know what I'd like to do after graduation.

Ⓑ I think you will find your direction sooner or later. I'd like you to do your best to find a way. It is written in the Bible, **"Seek, and you will find."** 注

A Do you mean that I eventually find something I'd like to do?

B I mean it. You'll be guided to do what you really wish to do.

A わたくしは、来年に大学を卒業する予定です。しかし、わたくしは、まだ、卒業後に何をしたいのかわからない状態です。

B わたくしは、遅かれ早かれ、あなたが自分の進むべき方向性を見極めるものと思います。わたくしは、あなたが一つの方向性を見出すために全力を尽くすことを願っております。聖書には、「探しなさい。そうすれば、見つかる」と書かれています。

A それは、やがて、わたくしが本当にしたいことは見つかるという意味ですか。

B そのような意味です。あなたは、本当にあなたが望むことができるように導かれるでしょう。

注

"Seek, and you will find." (Matthew 7. 7-11; Luke 11. 9-13)

"Knock, and the door will be opened to you."

「門をたたきなさい。そうすれば、開かれる。」

A How you take action dramatically changes your future.

B Do you value the meaning of action very much?

A Yes, I do. Your future has not been written yet. Who makes your future? Nobody makes it. You are a person who makes your future.

B I feel powerful now. I shall do the things I really need without hesitation.

A Jesus Christ said, **"Knock, and the door will be opened to you."**注

B I appreciate your wonderful advice. I don't hesitate to do the things I absolutely need for the sake of my future.

A 行動如何で、あなたの未来は劇的に変わります。

B あなたは、行動の意味を重んじますか。

Ⓐ はい、重んじます。あなたの未来は、まだ決まっておりません。一体誰があなたの未来を作るのでしょうか。あなたの未来を他人が作ることはありません。あなた自身が、あなたの未来を作るのです。

Ⓑ わたくしは今、パワーを感じます。わたくしは、何ら躊躇することなく、自分にとって必要なことを取り組んでいきたいと存じます。

Ⓐ イエス・キリストは、「**門をたたきなさい。そうすれば、開かれる**」と言いました。

Ⓑ 素晴らしいご助言をいただき、感謝申し上げます。これからは、より良い未来を築いていくために、本当に取り組むべきことを、躊躇することなく実行していきたいと思います。

注

"Knock, and the door will be opened to you." (Matthew 7. 7-11; Luke 11. 9-13)

139

Column 4

ソクラテスから学ぶ「謙遜の美徳」

　人間という動物は、少しばかり何かを学び、それによって周囲の人々からある程度の評価を得ると、さぞ、たくさん知っているかのように人前で振舞いたくなる願望や習性を持っています。言うまでもないことですが、どんな分野においても、「真の意味での『学びの道』を歩む」というそのプロセスは、決して簡単なものではありません。

　ところが、人間は、時として、実に愚かな考え方をします。「自分には限られた知識しかない」という事実は自分自身が一番良く知っている事実なのですが、どんな人間でも、時には「自分は何でも知っている」というような“錯覚”に陥ることがあります。しかし、「自分は何でも知っている」ということを人前で軽々しく言えるということは、「実は何も知らない」、あるいは、「知ってはいるが、実は、そこそこに知っているだけだ」という証となります。

　古代ギリシア時代における偉大な哲学者、ソクラテス(Socrates, 470?-399 B.C.)は、「知」を愛し、「知」を求めることに自分の人生を託した哲学者でした。古代ギリシア語においては、「哲学」(philosophia)とは、「知」(sophia)を「愛する」(philein)という意味でした。一般に、西洋では、この「知を愛すること」、即ち、「愛知」という概念は、古代ギリシアのソクラテスによって確立されたと伝えられています。

　ソクラテスは、「助産術」と呼ばれる問答方式で、周囲のソフィストたちに本当の

「知」を認識させることに努めました。しかし、ソフィストたちは「自分たちの無知」をソクラテスとの問答によって悟らされてしまうため、ソクラテスは、自己反省のできないソフィストからひどく嫌われました。

　ソフィストの中には、少しばかりの知識があるだけで、さぞ自分が"偉い人物"であるかのような錯覚に陥る者が数多くいました。当時のギリシアでは、「学問をする」ことは贅沢な行為でしたので、大衆は「学問をする人」を尊敬していました。しかし、ソフィストといえども、決して万能な存在者ではありません。ある程度、学問を修めたとしても、その知識は決して万能ではありません。

　ソクラテスは、「自分は何でも知っている」と自負する者は、実は「何も知らない者」であると述べました。そして、人間は、自らをそのように捉えている者は、決して「真の知」には到達できないと唱えたのです。

Column 5

機知(wit)に富んだ言葉、"fairy tale"

　fairy taleのfairy（形）は「妖精の、優美な、架空の」、tale（名詞）は「話、物語」という意味です。したがって、fairy taleは、いわゆる「おとぎ話」を意味します。

　西洋では、古くから、「紳士」(gentleman)は、単に、上辺だけ礼儀正しく振舞うだけでなく、「"淑女"(lady)に対して夢を与え、その夢を叶える器量を備えている」ということが"紳士の嗜み"として捉えられていました。

　例えば、結婚という行為が、実際は"非現実的"、且つ、"夢のまた夢"の関係である男女。しかし、その男女は、互いに情熱的に愛し合っています。

　そこで、ある日、女性が男性に、I'd like you to love me forever.（ずっと私のことを愛していて欲しいの!）と哀しげに囁きました。男性は、What would you like me to do for us?（どうして欲しいんだ）と女性に尋ねると、女性は、目に涙を浮かべて、I'd like a fairy tale.（fairy taleが欲しい）と答えました。

　この会話におけるfairy taleとは、「おとぎ話」というよりは、「あなたとずっと一緒にいたい」ということです。これはつまり、「あなたと結婚したい」という"熱情ある願望"を表現しているといえるでしょう。

　このことは、古典主義を批判し近代擁護の立場を採ったフランスのペロー(Charles Perrault, 1628-1703)の童話、「シンデレラ」(Cinderella)のストーリーを連想することにより、これを「機知(wit)に富んだお洒落な表現の味わい」として理解することができます。英語表現におけるエレガンスは、まさに「機知が醸し出す『優美な余韻』(graceful reverberation)」によっても作り出されます。

142

ディクテーション後の確認英文

ここには、本章の英会話の全文をまとめて掲載してあります。できるだけディクテーションを繰り返したのち、確認用としてご活用ください。

Dialogue 41

- Ⓐ Have you ever thought about the meaning of life?
- Ⓑ Yes, I have.

- Ⓐ I'd like you to tell me about the meaning of life for you, please.
- Ⓑ The scripture says, "**Human beings cannot live on bread alone**, but need every word that God speaks."

- Ⓐ I see what you mean. We need every word that God speaks in order to live well.
- Ⓑ That's right.

Dialogue 42

- Ⓐ The world is really full of temptations.
- Ⓑ I absolutely think that it's the fact we should not forget.

- Ⓐ Oh, yes, you are right.
- Ⓑ I really feel that we human beings must tread the path of virtue every day.

- Ⓐ Delightedly, I shall follow your right idea as you say it to me.
- Ⓑ **How you take action according to the Bible gives you a fruitful life day after day.** As the Bible says, "human beings need every word that God speaks."

Dialogue 43

- Ⓐ The Bible says, "Human beings need every word that God speaks."
- Ⓑ Do you mean that we always need to listen to the words spoken by God?

- Ⓐ Yes, I mean it.
- Ⓑ As you imagine, we can live well through listening to those spoken by God in our daily life.

- Ⓐ **I consider that it is a privilege given to human beings to live well according to the teachings of the Bible.**
- Ⓑ Yes, we are privileged to use such privilege given by God to do so.

Dialogue 44

Ⓐ Usually, you love your family and friends who love you.
Ⓑ Yes, that's the way to love as for a lot of people.

Ⓐ It is natural for many people to do it.
Ⓑ That is so. Is there anything important to think about love?

Ⓐ **Might I have a pleasure to guide you some more?**
Ⓑ I'd like you to go on, please.

Dialogue 45

Ⓐ **Jesus Christ said, "Love your enemies and pray for those who persecute you."**
Ⓑ I see. I consider that it's very important to love all people including those who don't love you.

Dialogue 46

Ⓐ **If you love all people including your enemies who hate you, "you may become the children of your father in heaven."**
Ⓑ I really think so. I take action according to such idea.

Ⓐ Surely, you can live beautifully day after day through doing it.
Ⓑ Essentially speaking, it is truly easy to fall into the snares of evil for all human beings. I shall always keep my austerity to love all of people according to the teachings of the Bible.

Dialogue 47

Ⓐ **It is written in the Bible, "Do not store up riches for yourselves here on earth."**
Ⓑ Would you tell me why it is so?

Ⓐ Because if you store up riches for yourselves here on earth, "moths and rust destroy those, and robbers break in and steal those."
Ⓑ I can imagine that judging from my daily life.

Dialogue 48

Ⓐ I'd like to know how we should interpret riches we possess.
Ⓑ The Bible says, **"Store up riches for yourselves in heaven, where moths and rust cannot destroy, and robbers cannot break in and steal."**

Ⓐ Yes, you are right, sir. The Bible also says, "For your heart will always be where your riches are."
Ⓑ Absolutely right.

Ⓐ Unfortunately, many people here in this world are dominated by materialism. Therefore, we must think the essence of human existence deliberately in order to live well as human beings.

Ⓑ I think we need to subordinate materialism to spiritualism. I hope we can be spiritually rich day after day.

Ⓐ Yes, it is very crucial to free ourselves from the mental bondage deriving from what we materially possess.

Ⓑ Indeed.

Ⓐ Might I ask you a question? If it is possible, I'd like you to teach me the best way to live well as a rational existent standing upon this planet.

Ⓑ There are always two ways, "an easy way" and "a difficult way" for living in our human life given by God. **A difficult way gives you a genuine direction to live well as a rational existent standing upon this planet.**

Ⓐ I see. I can clearly imagine that. I deeply thank you very much for your sapient advice.

Ⓑ Philip, you continue seeing a "decisive bifurcation" of the two in front of you at all times, if you rigidly live momentarily in your 24 hours every day. As I mentioned already, those are the two, an easy way and a difficult way.

Ⓐ I totally understand what you are saying.

Ⓑ I hope you courageously choose a difficult way for your meaningful progress. It goes without saying that a difficult way gives you a genuine direction to live rationally. Such way of living graces the quality of your life very much.

Ⓐ Human beings need to gain experience, especially difficult experience from the cradle to the grave.

Ⓑ That's right. It is said, "Experience is the mother of wisdom."

Ⓐ The Bible says, **"Go in through the narrow gate."**

Ⓑ As a matter of fact, I have been thinking of the meaning of it.

Ⓐ As you imagine, there is a holy meaning in it.

Ⓑ Now, I feel I'm blessed to hear something important from you.

Ⓐ It is written in the Gospel according to Matthew in the New Testament, "Go in through the narrow gate, because the gate to hell is wide and the road that leads to it is easy, and there are many who travel it."

Ⓑ **"The gate to hell is wide."** It means the wide gate is a fake gate.

Ⓐ That's right.

Ⓑ I deeply feel it through my life experience.

Dialogue 52

Ⓐ The wide gate is a fake gate. It means the narrow gate is a real gate.
Ⓑ I think it tells us the truth in human life.

Ⓐ Would you like to know about this idea some more?
Ⓑ Yes, I'd like to know it.

Ⓐ It is written in Matthew, **"The gate to life is narrow and the way that leads to it is hard, and there are few people who find it."**
Ⓑ I see. This idea teaches us the importance of choosing the narrow gate to obtain eternal life.

Dialogue 53

Ⓐ I'm not sure how I need to manage myself at my company. I'm disturbed so much.
Ⓑ At first, I'd like to know the problem you have.

Ⓐ Frankly speaking, I'd like to have some advice from my boss regarding the next project. I really worry about the way to reasonably do it.
Ⓑ I see. As the Bible says, **"Ask, and you will receive."**

Dialogue 54

Ⓐ I'm supposed to graduate from college next year. However, I still don't know what I'd like to do after graduation.
Ⓑ I think you will find your direction sooner or later. I'd like you to do your best to find a way. It is written in the Bible, **"Seek, and you will find."**

Ⓐ Do you mean that I eventually find something I'd like to do?
Ⓑ I mean it. You'll be guided to do what you really wish to do.

Dialogue 55

Ⓐ How you take action dramatically changes your future.
Ⓑ Do you value the meaning of action very much?

Ⓐ Yes, I do. Your future has not been written yet. Who makes your future? Nobody makes it. You are a person who makes your future.
Ⓑ I feel powerful now. I shall do the things I really need without hesitation.

Ⓐ Jesus Christ said, **"Knock, and the door will be opened to you."**
Ⓑ I appreciate your wonderful advice. I don't hesitate to do the things I absolutely need for the sake of my future.

第 4 章

大学キャンパスで楽しむ
エレガント英語

Dialogue 56 〜 59

Dialogue 56

You are really my treasure on campus for me.

わたくしにとってのあなたの存在は、キャンパスにおける大切な宝といえる存在です。

Ⓐ How are you this morning?

Ⓑ I feel great to see you this morning.

Ⓐ I absolutely feel so, too. I'd like to tell you something important today. I've been feeling that **you are really my treasure on campus for me.**

Ⓑ I'm proud of our friendship very much, too.

Ⓐ You are always studying very hard. You are a truly sedulous student.注 I'm proud of our friendship and your sedulity.

Ⓑ That's very nice of you to say such thing.

Ⓐ 今朝の気分はいかがですか。

Ⓑ 今朝も、あなたに会えて嬉しく思います。

Ⓐ わたくしも、まったく同感です。今日は一つ、あなたに大切なことをお伝え致します。それは、今までずっと、**わたくしにとってのあなたの存在は、キャンパスにおける大切な宝**だと感じていたということです。

Ⓑ わたくしも、あなたとの友情にたくさんの誇りを感じております。

Ⓐ あなたは、いつも一生懸命に勉強しています。あなたは、本当に勤勉な学生です。わたくしは、わたくしたちの友情、そして、あなたの勤勉ぶりについて誇りに思います。

Ⓑ そのようなことをおっしゃっていただき、大変嬉しく思います。

注

sedulous（形）は、「勤勉な、念入りな、丹念な、周到な」の意味。sedulity（名）は、「勤勉、精励」の意味。

Dialogue 57

I hear that you have a charming plan to visit my country.

あなたが、わたくしの国にいらっしゃるということをうかがっておりますが。

Ⓐ What were you doing late at night yesterday?

Ⓑ I was intently reading a guidebook of Japan.

Ⓐ **I hear that you have a charming plan to visit my country.** 注

Ⓑ Yes, I'm now preparing to visit your country this summer.

Ⓐ As a matter of fact, I told my family in Japan that you come to Japan this summer.

Ⓑ Oh, you did it already. How wonderful!

A Let me try to do my best to guide you a lot of interesting places in my country during your stay there. As for my family, I think they are looking forward to seeing you so much more than you imagine.

A 昨晩遅くに何をしていましたか。

B わたくしは、日本のガイドブックを夢中になって読んでいました。

A あなたが、わたくしの国にいらっしゃるということをうかがっておりますが。

B はい、実は今、この夏にあなたの国を訪問するための準備をしているところです。

A 実を申しますと、この夏に、あなたが日本を訪問するということについて、わたくしの家族に伝えてあります。

B そうでしたか。あなたは何という素敵な方なのでしょう。

A あなたが日本に滞在中は、たくさんの面白い場所をご案内したいと考えております。わたくしの家族も、あなたが想像する以上に、あなたが日本にいらっしゃるその日を楽しみにしています。

注

I hear that you have a charming plan to visit my country.のI hear that～は、「～ということをうかがっております（聞いております）」という意味。過去に聞いた相手の情報について相手にその話を持ち出すときに効果的です。

Dialogue 58

The examination I took yesterday was unbelievably abstruse for me.

昨日受けた試験は、わたくしにとりまして、とても信じられないほど難解な試験でした。

Ⓐ The examination I took yesterday was unbelievably abstruse for me. 注

Ⓑ Are you disheartened?

Ⓐ Yes, I am very much.

Ⓑ I think you are a person who tries to do her best at all times. I can tell you that there is nothing you regret now.

Ⓐ I really don't have any word to express my feeling as a token of my great appreciation to you. You are absolutely my best friend in my whole life.

Ⓑ I feel the same to you.

Ⓐ **昨日受けた試験は、わたくしにとりまして、とても信じられないほど難解な試験でした。**

Ⓑ あなたは落胆していますか。

Ⓐ ええ、相当落ち込んでいます。

Ⓑ あなたは、どのようなことに対しても常に最善を尽くす人です。わたくし自身、今、あなたが後悔するようなことは一つもないと明言します。

151

Ⓐ わたくしは、実に、言葉では表現できないほどのあなたの温かい心に対して深く感謝致します。言うまでもありませんが、あなたは、わたくしにとって一生涯の最高の友といえる存在です。

Ⓑ わたくしも同感でございます。

注

abstruse (形) は、「難解な、難しい、深遠なる」という意味。英米社会の教養人が用いるabstruseは、difficultを用いるときよりも、その内容がさらに難しい概念・理論・学説等であるときに用いられます。abstruseは、学問・文化等における「抽象概念の難解さ」を表現するときに便利な語です。

Dialogue 59

One of my friends is reading law at Oxford.

わたくしの友人の一人は、オックスフォードで法律を専門に勉強しています。

Ⓐ **One of my friends is reading law at Oxford.** 注

Ⓑ If he is doing so, I imagine you enjoy talking with him.

Ⓐ Yes, we usually have an enjoyable discussion on the leading cases of criminal law.

Ⓑ It is very interesting for me. If you don't mind, is it possible to join you?

Ⓐ I don't mind anything at all. I mean both of us are delighted to have a discussion with you very much.

Ⓑ I see. I cannot wait to join you.

Ⓐ **わたくしの友人の一人は、オックスフォードで法律を専門に勉強しています。**

Ⓑ もしそうでしたら、あなた自身、彼と楽しい会話をしているのでしょうね。

Ⓐ はい、普段は刑法の先例について議論しています。

Ⓑ 大変興味深い議論をなさっておりますね。もし、お気になさらないようでしたら、あなたがたの議論に参加することは可能でございますか。

Ⓐ わたくし自身は、まったく差し支えございません。と申しますより、わたくしたちにとりまして、あなたに議論に参加していただけるならば大変嬉しく思います。

Ⓑ そうですか。議論に参加する日が待ち遠しく思います。

注

会話文のread（動）は、「専攻する、専門に勉強する」という意味。「（大学で）〜を専攻する」という場合は、イギリスではreadを用い、アメリカではmajorを用いるのが一般的です。majorの場合、例えば、She is majoring in mathematics. であれば、「彼女は数学を専攻しています」の意味。

第4章 大学キャンパスで楽しむエレガント英語

Column 6

Stubborn Americans
・・・古き良き「頑固なアメリカ人」

　stubbornは、「頑固な、強情な、ひどく片意地な、不屈の、手に負えない」などの意味を成す形容詞です。現代の英米語におけるstubbornは「頑固な」という意味で使われる場合が多いでしょう。例えば、One of my friends is by nature a very stubborn person.とすれば、「わたくしの友人の一人は、生まれつきとても頑固な人です」という意味になります。

　本来、「国の言語」と「国の歴史・伝統・文化等」の間には密接な関係があります。まずはじめに、アメリカ合衆国における言語、即ち、「米語」(American English)における一つの具体例を述べていきます。

　「新大陸」アメリカでは、既に述べたstubbornという語が包含するニュアンスの中に「『新大陸』(the New Continent)ならではの独自の捉え方」をうかがうことができます。

　ご承知のように、the New Continentとは「新大陸（アメリカ）」という意味です。これを地理的に述べると、the New Continentが意味する地域とは、アメリカ合衆国(The United States of America)だけでなく、広く、南アメリカ・北アメリカ全域を包含します。

　西洋において、the New Continentと対比して用いられる語はthe Old Continentです。これは「旧大陸」を意味する表現であり、地理的には、ヨーロッパ

154

だけでなく、アジアやアフリカも包含されます。西洋で行われる学術研究では、研究者は、通常、「地理的な観点からthe Old Continentとthe New Continentを対比させ、研究分野における何らかの具体的事例について考察する」という研究方法がよく行われています(無論、このような比較研究は日本でも行われています)。

ここからは、米語におけるstubbornのニュアンスについて理解を深める目的の下、アメリカの歴史についてわかりやすく述べていきます。

現在のアメリカ合衆国は、17世紀から本格的に始まったイギリスによる植民地建設の時代を経て、やがて、1776年7月4日、13の植民地の中央組織である大陸会議(Continental Congress)が独立宣言(The Declaration of Independence)を採択し、その13の植民地が一つの独立国家(sovereign state)を形成し、イギリス本国から独立して建国された国です。

新大陸に建国された独立国家としてのアメリカ合衆国の広大な大地では、西洋文明社会で長く続く伝統的な社会制度・慣習等から脱皮し、新しい価値観を基盤として国を繁栄させようとする「新鮮、且つ、エネルギッシュな気質」が生まれました。

アメリカでは、このような独特の地理的・歴史的背景の下、stubbornという語について、意識的、そして、無意識的に二つの捉え方をするようになりました。

一つは、ヨーロッパ旧大陸圏の一国としてのイギリス(イギリスは、"島国"ではあ

るが、ヨーロッパ旧大陸圏域を構成する主要な国家の一つである）で使われている「本来のstubborn」の意味です。

　そして、もう一つは、長きにわたる植民地時代を経て1776年にアメリカ合衆国が成立し、その当時の人々の心の中に、アメリカ人として、これまでの伝統的なヨーロッパ社会には存在しない「新しい人間観・価値観・道徳観念等」が芽生えたことを源泉とする「アメリカ人気質における『良心』(conscience)としてのstubborn」です。このstubbornは、まさに、自由・平等・正義を追求する当時のアメリカ人の「アメリカ化」(Americanization)の経験から生まれた「アメリカ人特有の『頑固さ』、『不屈の精神』、そして、『古き良き石頭ぶり』」を表すものです。

　例えば、大西部時代においては、地域によっては、堂々たる開拓者精神(the frontier spirit)の下、「連邦法云々」(連邦法を遵守する・しない)という理念的な問題よりも、いわゆる端的な意味でのhumanの範疇にとどまらず、自分の土地で、「"humane"（人情のある、人道的な、思いやりのある）な人間」として人生を謳歌したいと考えるアメリカ人が多数存在しました。アメリカの大西部時代において、広大な大自然で生活する人々の心の中で最も重要視されたものは、法律でも机上の理想論でもなく、「燦々と輝く太陽の下で共に汗と涙を流す隣人たちとの『友情』、そして、『絆』」であったのです。

156

この時代のアメリカ、特に、新しく開拓が行われている西部地域では、外部からの何らかの不合理(unreasonableness)や不条理(absurdity)に遭遇したとき、大切な人たちとの友情・絆を守るために「すこぶる頑固な人間」(an extremely stubborn person)となり、「自分たちが開拓してきた土地で守り続けてきた『信念』(belief)を貫き通す」という行為が堂々となされてきたのです。
　そうした「頑固さ」を堅持し続けたアメリカ人の心の奥底には、「人間として大切にするべきものは法でも理屈でもない。本当に大切なものとは、今、この大自然で生活を共にする家族・友人・隣人である」という、アメリカ人としての頑固な信念がそこに存在していたのです。

Column 7

"Easy come, easy go."

　"Easy come, easy go."は、「悪銭身につかず」という意味を成す諺です。この諺が教えてくれる教訓は、「簡単に得たお金は簡単に使ってしまう」ということです。

　「悪銭身につかず」について想像しやすい具体例をあげると、例えば、ギャンブル、株の売買、商品先物取引などで得たeasy moneyなどです。本来、お金は、自分自身の汗と涙、つまり、「堅実な労働の積み重ね」で得るべき代物です。人間には、時として、欲しいものを簡単に手に入れようとする安易な一面があります。しかし、簡単に手に入れた代物は、その価値についてすぐに盲目となり、やがて、それを失う結末を迎えます。

　フランスの画家、ジャン＝フランソワ・ミレー (Jean-François Millet, 1814-1875) は、自身の作品の中で、汗を流して働く農民における"dignity of toil"（労働の尊厳）を表現しました。わたくしは、この現代社会に生きるわたくしたちがミレーの作品から学べることは、この"dignity of toil"であると捉えています。

　わたくしは、「この世には、（真の意味で言うならば）簡単に成し得るものなど一つもない」と考えます。世の中には、多種多様な仕事が存在しています。しかし、どのような仕事であっても、一つひとつの仕事は実に奥が深く、真剣に取り組めば取り組むほど、そこに「終わり」を見ることはありません。

　この見方・考え方は、「エレガント英語の習得」においても該当することです。「エ

158

レガント英語の世界」は実に深いものです。エレガント英語は、それを勉強すれば するほどに、「その深さ・重さ」について知るようになります。

　読者の皆さん、この本でエレガント英語を勉強するその過程において、是非、 "Easy come, easy go." が教えてくれる本質的な教訓を、毎日勉強する上での一 つの精神基盤としてください。

　エレガント英語スピーカーへの道のりは、決して簡単な道のりではありません。 勉強は簡単ではありませんが、一つだけ言えることがあります。それは、勉強は、「で きるか・できないか」ではなく、一にも二にも、「やるか・やらないか」であるというこ とです。勉強は、実に、やる人のみが、その発展・成果を見ることができます。

ディクテーション後の確認英文

ここには、本章の英会話の全文をまとめて掲載してあります。できるだけディクテーションを繰り返したのち、確認用としてご活用ください。

Dialogue 56

- **A** How are you this morning?
- **B** I feel great to see you this morning.

- **A** I absolutely feel so, too. I'd like to tell you something important today. I've been feeling that **you are really my treasure on campus for me.**
- **B** I'm proud of our friendship very much, too.

- **A** You are always studying very hard. You are a truly sedulous student. I'm proud of our friendship and your sedulity.
- **B** That's very nice of you to say such thing.

Dialogue 57

- **A** What were you doing late at night yesterday?
- **B** I was intently reading a guidebook of Japan.

- **A** **I hear that you have a charming plan to visit my country.**
- **B** Yes, I'm now preparing to visit your country this summer.

- **A** As a matter of fact, I told my family in Japan that you come to Japan this summer.
- **B** Oh, you did it already. How wonderful!

- **A** Let me try to do my best to guide you a lot of interesting places in my country during your stay there. As for my family, I think they are looking forward to seeing you so much more than you imagine.

Dialogue 58

- **A** **The examination I took yesterday was unbelievably abstruse for me.**
- **B** Are you disheartened?

- **A** Yes, I am very much.
- **B** I think you are a person who tries to do her best at all times. I can tell you that there is nothing you regret now.

- **A** I really don't have any word to express my feeling as a token of my great appreciation to you. You are absolutely my best friend in my whole life.
- **B** I feel the same to you.

🅐 **One of my friends is reading law at Oxford.**

🅑 If he is doing so, I imagine you enjoy talking with him.

🅐 Yes, we usually have an enjoyable discussion on the leading cases of criminal law.

🅑 It is very interesting for me. If you don't mind, is it possible to join you?

🅐 I don't mind anything at all. I mean both of us are delighted to have a discussion with you very much.

🅑 I see. I cannot wait to join you.

第5章

外国で病気になったときに
役立つ、「エレガント医療英語」

Dialogue 60 〜 70

救急車を呼びたいとき

Dialogue 60

I'd like you to call an ambulance for me, please.

救急車をお呼びいただけますか。

A I'd like you to call an ambulance for me, please.

B OK, I do it immediately for you. 注

A Thank you so much for your kind help.

B You are very welcome.

🅐 **救急車をお呼びいただけますか。**

🅑 わかりました。直ちにお呼びします。

🅐 ご親切に感謝致します。

🅑 どう致しまして。

> **注**
>
> immediatelyは「直ちに」という意味。アメリカ人が好む表現として、これをright awayと変えることもできます。

捻挫をしたとき

Dialogue 61

I accidentally twisted my foot in the morning today.

今朝、誤って足をひねってしまいました。

Ⓐ I accidentally twisted my foot in the morning today. If it is possible, I'd like you to see me, please.

Ⓑ When I touch your foot, does it hurt?

Ⓐ Yes, a little.

Ⓑ There might be some internal bleeding.[注] Therefore, I ask you not to move the injured part. Now, I bandage the injured part for you.

Ⓐ That's very kind of you.

Ⓐ **今朝、誤って足をひねってしまいました。**もし可能でございますならば、診ていただきたいのですが。

Ⓑ 今、わたくしが触ると、痛い感じがしますか。

Ⓐ ええ、少し痛みます。

Ⓑ 内出血しているようです。ですから、患部を動かさないようにしてください。では早速、患部のところを包帯で巻きましょう。

Ⓐ ご親切にありがとうございます。

注

internal bleedingは内出血の意味。「内出血する」は、bleed internally (inwardly) と表現してください。

ナイフで手を切ってしまったとき

Abruptly, I cut my hand with a knife.
不意に、ナイフで手を切ってしまいました。

Ⓐ Abruptly, I cut my hand with a knife. 注1

Ⓑ I'd like you to show me, please. Did you put some medicine on it by yourself?

Ⓐ No, I didn't do anything at all.

Ⓑ Did you sterilize the cut? 注2

Ⓐ No, I didn't. However, I wrapped a bandage around it.

Ⓑ I see. Well, it would be better to suture it today. 注3

Ⓐ I really thank you very much for your kind treatment.

Ⓑ I'd like you to take good care of yourself.

Ⓐ 不意に、ナイフで手を切ってしまいました。

Ⓑ では、切ったところを見せていただけますか。何か薬をつけましたか。

Ⓐ いいえ、何もつけていません。

Ⓑ 傷口は消毒しましたか。

Ⓐ いいえ、しませんでした。消毒はしませんでしたが、自分で包帯を巻きました。

Ⓑ そうですか。では、今ここで、傷口を縫いますね。

Ⓐ ご親切にどうもありがとうございます。

Ⓑ どうぞお大事になさってください。

注1

abruptlyは、「不意に、突然に、ぶっきらぼうに」の意味。会話文ではsuddenlyを用いることも可能です。abruptlyを用いると、suddenlyよりも、意外性のニュアンスがさらに強くなります。

注2

sterilize（動）は、「消毒する、殺菌する」の意味。

注3

suture（動）は、「傷口を縫い合わせる」の意味。名詞として用いれば「傷口の縫い目」（外科）という意味になります。

頭が痛いとき
（偏頭痛）

I have a migraine.
偏頭痛があります。

A Hello. May I ask what your problem is?

B **I have a migraine.**注 In addition, I have a severe toothache.

A I see. Well, migraine is related to toothache. I give you some medicine for you now.

B Is there anything I need to do for migraine?

Ⓐ There is nothing you need to do. I just advise you to take medicine and stay at home tranquilly from today. If your migraine continues, I'd like you to come to this hospital to see me, once again.

Ⓑ I hear you, sir. I appreciate your kind advice.

Ⓐ こんにちは。どうされましたか。

Ⓑ **偏頭痛があります。** それに加え、歯も痛いのです。

Ⓐ そうですか。偏頭痛と歯痛には関係があります。では、適切な薬を出しておきましょう。

Ⓑ 偏頭痛の緩和のために何かすることはありますか。

Ⓐ 特にありません。今日から処方した薬を飲み、家で安静にしていてください。もし、偏頭痛が続くようであれば、再度、病院に来てください。

Ⓑ おっしゃる通りに致します。ご助言をありがとうございます。

注

migraineは偏頭痛の意味。「特に、頭のこの部分が痛みます」と言いたい場合は、This part of my head particularly aches. と表現してください。

第5章　外国で病気になった時に役立つ、「エレガント医療英語」

171

耳がズキズキと痛いとき（外耳炎）

My right ear hurts a lot.
右の耳が痛むのですが。

Ⓐ My right ear hurts a lot. This is the very first experience in my life.

Ⓑ Recently, haven't you cleaned out your ear canals?

Ⓐ I remember that I did it at home the day before yesterday.

Ⓑ Let me see your right ear now. You have otitis externa.^注 I shall give you some medicine for you.

Ⓐ I deeply appreciate your kindness.

Ⓑ I hope you have a nice day.

Ⓐ **右の耳が痛むのですが。**このような経験は、人生においてまさに初めての経験でございます。

Ⓑ 最近、耳掃除をしませんでしたか。

Ⓐ 確か、自宅で2日前にしたと思います。

Ⓑ では、耳を診ましょう。外耳炎になっていますね。お薬を出しましょう。

Ⓐ ご親切にありがとうございます。

Ⓑ 良い一日になりますよう願っております。

注

otitis externaは、「外耳炎」という意味。これをacute external otitis、あるいは、inflammation of the ear canalと呼ぶこともできます。

風邪をひいたとき

I'm afraid I've caught a cold.
風邪をひいたようなのですが。

Ⓐ I'm afraid I've caught a cold.

Ⓑ What symptoms do you have right now?

Ⓐ I have a little fever and a cough.

Ⓑ Have you vomited these days?

Ⓐ I don't feel like vomiting. However, I have no appetite at all. I don't feel like eating anything.

B I prescribe some medicine for four days. I'd like you to stay at home for a while. I'd like you to understand that sleeping enough is the best medicine to get rid of your cold. 注

A 風邪をひいたようなのですが。

B 今現在、どのような症状がありますか。

A 少々熱があり、咳も出ます。

B この数日間、吐きましたか。

A 吐き気はありません。しかし、食欲がまったくないのです。何も食べる気がしないのです。

B 4日分の薬を出しますね。しばらくの間は、自宅にて安静にしていてください。しっかりと睡眠をとることが、風邪を治すための最善の方法です。

注

get rid of your coldは、「風邪を治す」という意味。病気の症状が重い場合は、recover from〜（〜が治る）を用いるのが一般的です。例えば、My mother fortunately recovered from her serious illness last week. (幸いにも、わたくしの母は、先週、重病が治りました)。

第5章 外国で病気になった時に役立つ、「エレガント医療英語」

175

胃の調子が悪いとき

Dialogue 66

My stomach feels uncomfortably heavy these days.

このところ、胃が重苦しいのです。

- Ⓐ Good morning. I came here to see you, sir. Because **my stomach feels uncomfortably heavy these days.**
- Ⓑ Do you still have pain now?
- Ⓐ Yes, unfortunately, I still have it.
- Ⓑ Recently, how have you been eating?
- Ⓐ I haven't eaten anything unusual these days.
- Ⓑ Have you ever been drinking and eating too much these days?

A I need to drink a lot on business from time to time.

B I see. If you are not better in few days, I'd like you to undergo a thorough examination at this hospital. 注 Accordingly, I'd like you to come back here three days later, again.

A おはようございます。診察していただきたくお伺いしました。**このところ、胃が重苦しいのです。**

B 今現在も、まだ痛みはありますか。

A はい、あいにく、まだあります。

B 最近の食生活はいかがですか。

A 最近は、何も変わったものは食べておりませんが。

B 近頃、暴飲暴食をしていませんか。

A 時折、仕事で、お酒をたくさん飲むことがあります。

B そうですか。もし良くならないようでしたら、精密検査を受けていただきます。したがいまして、3日後に、再度、ここに来てください。

注

undergo a thorough examinationは、「精密検査を受ける」の意味。

第5章 外国で病気になった時に役立つ「エレガント医療英語」

177

排尿障害のとき

When I urinate, it terribly hurts.
排尿するときに、尿道がかなり痛みます。

A I need your help urgently. **When I urinate, it terribly hurts.**

B How do you feel pain?

A It hurts toward the end of urination.[注]

B Now, I need to ask you whether you often urinate or not these days.

A I feel I do it a lot these days.

B What color is your urine?

A I think it is normal amber.

B Do you have the feeling that something still remains in the bladder now?

A Frankly speaking, I feel it myself. After urinating, I actually don't feel relieved as I used to.

B I see. Let me try to do my best for you.

A 緊急に、先生のヘルプが必要です。**排尿するときに、尿道がかなり痛みます。**

B どのように痛みを感じますか。

A 排尿の終わりにかけて痛みます。

B 一日に尿の回数は多いと思いますか。

A はい、多いと感じます。

B 尿の色はどのような色ですか。

A 正常な色であると思いますが。

B 今現在、排尿の際、残尿感を感じますか。

A 率直に申し上げますと、残尿感を感じます。以前と比べますと、排尿の後、爽快感を感じません。

B そうですか。では、できる限りのことをしましょう。

注

urination（名）は「排尿」を意味します。一般に、排尿障害を、difficulty in urination と呼びます。

第5章　外国で病気になった時に役立つ、「エレガント医療英語」

179

歯槽膿漏になったとき[注]
（歯ぐきから血が出たとき）

Dialogue 68

Unfortunately, my gums are swollen now, and they bleed when I brush my teeth these days.

あいにく、わたくしの歯ぐきが腫れています。最近、歯を磨くとき、出血があるのです。

Ⓐ Unfortunately, my gums are swollen now, and they bleed when I brush my teeth these days.

Ⓑ Now, do you have any pain?

Ⓐ I don't have any pain at all. Nevertheless, I have some difficulty in chewing.

Ⓑ When did you have this bridge put in?

Ⓐ It was about three years ago before coming to London.

Ⓑ I see. I assume that it could be caused by diabetes. Otherwise, it also could be a deficiency of vitamins.

Ⓐ That is so.

Ⓑ As for today, I take care of your gums now.

Ⓐ I thank you very much for your kindness.

Ⓐ あいにく、わたくしの歯ぐきが腫れています。最近、歯を磨くとき、出血があるのです。

Ⓑ 今、痛みはありますか。

Ⓐ 特に、痛みはありません。でも、食事のとき、とても噛みにくいです。

Ⓑ このブリッジはいつ入れましたか。

Ⓐ ロンドンに住み始める前ですので、確か3年前です。

Ⓑ わかりました。今の段階では確定はできませんが、糖尿病の恐れがあります。あるいは、ビタミン不足が原因かもしれません。

Ⓐ そうですか。

Ⓑ 今日のところは、とにかく歯ぐき自体の治療を致します。

Ⓐ ご親切にありがとうございます。

注

歯槽膿漏はalveolar pyorrhea、歯周炎はperiodontitisという語を用いてください。

水虫になったとき

Sir, I've afraid that I've gotten athlete's foot on my left foot. It's itchy so much.

わたくしの左足に、水虫ができたようでございます。かゆくて我慢ができません。

Ⓐ Sir, I'm afraid that I've gotten athlete's foot on my left foot.[注1] It's itchy so much.

Ⓑ Let me see it. It's rather bad.

Ⓐ Yes, it bothers me a lot day or night.[注2]

Ⓑ Well, I shall prescribe fungicides for your athlete's[注3] foot.

Ⓐ I really would like to get rid of it. Therefore, I'd like to follow your instruction.

Ⓑ I'd like you to do so, please.

Ⓐ わたくしの左足に、水虫ができたようでございます。かゆくて我慢ができません。

Ⓑ では、患部を診ましょう。少々ひどい状態ですね。

Ⓐ はい、毎日、かゆくてたまりません。

Ⓑ では、水虫につける抗真菌剤を出しますね。

Ⓐ どうしても水虫を治したいと思っております。ですから、ご指示通りに致します。

Ⓑ 是非、そのようになさってください。

注1
水虫は、athlete's foot、または、ringworm of the footという語を用いてください。

注2
day or nightは、「昼でも夜でも、いつでも」の意味。これをnight or dayと表現することも可能です。

注3
fungicideは「抗真菌剤、殺菌剤」の意味。

赤ちゃんの息づかいが荒くなったとき

Dialogue 70

He seems to have much difficulty breathing today.

今日、この子の息づかいがかなり荒いのですが。

- **A** He seems to have much difficulty breathing today.注
- **B** I'd like to know how many months old he is now.
- **A** He is just three months old.
- **B** When did he have his last medical examination?
- **A** He had it a week ago.
- **B** There is nothing to worry about. We take good care of your baby at this hospital.

Ⓐ 今日、この子の息づかいがかなり荒いのですが。

Ⓑ 赤ちゃんは、生後、何ヵ月になりますか。

Ⓐ 3ヵ月になります。

Ⓑ 健診はいつ受けましたか。

Ⓐ 1週間前に受けました。

Ⓑ 心配しなくても大丈夫です。当病院で最善を尽くします。

注

「赤ちゃんの顔色がよくありません」であれば、His (her) face doesn't have a good color.と表現してください。

Column 8

自分の品格を大きく落とす
"Do you know ---?" という表現

　皆さんが英語を話すとき、「・・を知っていますか」、「・・をご存知ですか」という趣旨で、"Do you know ---?"と相手に尋ねることがあるでしょう。

　無論、あなた自身が相手に対して"Do you know ---?"と質問するとき、そこに何ら悪い意図はないと想像します。しかし、英米人に対してこのように質問すると、その質問は、「そのことを知っているかどうか」、つまり、その相手における「知識の確認」をするために質問をしていると捉えられることがあります。

　日本語において、相手に対して、「・・をご存知ですか」と丁寧に尋ねることがあるでしょう。しかし、英語を喋るとき、この「・・をご存知ですか」を直接英語に直して喋ることは、「それを喋る本人自身の品格・品性」を大きく落としてしまう危険性があります。

　会話をするその相手が、英語・日本語双方における言語の特徴・文化的背景を熟知した英日バイリンガルであれば、そのような唐突な質問があっても、それを善意に解釈し、極めて柔軟に捉えることができるでしょう。

　しかし、英語を第一言語とする一般の英米人の場合、そうした質問について、「この人は自分がそれを知っているかどうか、無礼にも、自分に対する"知識の確認"をしている」と捉えることがあります。言うまでもありませんが、一度相手がそう捉えてしまうと、それまでの間、相互においてどのように素敵なコミュニケーションを図ってきた経験があっても、端的に、「この人は、この程度の人間である」と判断されてしまいます。

　では、より良い英語コミュニケーションを図っていくためには、一体どうしたらよ

いのでしょうか。そのためには、まず、「頭の中の日本語を、そっくりそのまま英語に翻訳して喋る」というメンタリティーの典型から離れることです。

　日本語と英語は、それぞれ異なる言語です。そして、双方において、文化・習慣はもとより、思考方法・論理の展開方法・感じ方・捉え方等にもある種の相違があります。日本人が英語を喋るとき、これらの相違について、日本語と英語の文化比較としてしっかりと把握・理解することが「教養ある、エレガントな日英バイリンガル」になるための道のりとなります。

　コミュニケーションにおいては、それが何語で行われても常に注意が必要です。言葉は、相手とより良いコミュニケーションを図るための大切な道具です。一般に、英会話を学ぶ人の中には、発音ばかりに気を取られて、「自分が喋る内容が、相手に対してどのような印象を与えるのか」ということについて注意することを忘れてしまう人が多いように思われます。

　皆さんが英語を喋るとき、まず第一に、「目の前の相手が、自分の発言に対して不愉快な思いをすることなく、楽しいコミュニケーションを図ってもらいたい！」と自分に言い聞かせて英語を喋ると、取り返しのつかないような質問や失言を発することは少なくなるでしょう。

　英語を喋るとき、何よりも大切なことは、「何をどう喋るか」という問題です。接する相手に対して「何をどう喋るか」で、コミュニケーションに内在する「エレガンスの質」が劇的に向上します。

187

Column 9

エレガント英語習得に
向く人、向かない人

　本稿では、読者の皆さんと一緒に、「エレガント英語を習得する上で、向き・不向きはあるのか」という問題について考えてみたいと思います。

　まず第一に、以下において、1)「エレガント英語習得に向く人」、2)「エレガント英語習得に向かない人」に分けてみましたので、一緒に読み進めていきましょう。

A　エレガント英語習得に向く人

1　母国語の日本語で、挨拶として「おはようございます」「こんにちは」等を言うとき、しっかりと相手の目を見て挨拶ができる人

2　日本語で、しっかりと人とコミュニケーションが図れる人

3　接する相手の気持ち・心情を察しようと試みる人

4　他人が自分にしてくれたことについて感謝する人

5　他人が経験した苦労について理解しようとする人

6　人間の価値は、知識の量ではなく、「心の豊かさ」で決まると考える人

7　高価な有名ブランドの洋服を着るよりも、「自分に合う洋服」を上手に着こなしたいと考える人

8　「質素な食事」に醍醐味・エレガンスを感じる人

B　エレガント英語習得に向かない人

1　母国語の日本語で、挨拶として「おはようございます」「こんにちは」等を言うとき、
　　しっかりと相手の目を見て挨拶ができない人

2　日本語で、しっかりとコミュニケーションを図ることができない人

3　接する相手の気持ち・心情を察しようと試みない人

4　他人が自分にしてくれたことについて感謝しない人

5　他人が経験した苦労について理解しようとしない人

6　人間の価値は、「知識の量」で決まると考える人

7　高価な有名ブランドの洋服のみを着る人

8　高級レストランのみが、エレガントな食事を楽しむための場所であると
　　考える人

　　この2つの分類は、わたくし自身が、海外、または、日本で、実に様々な日本人
英語スピーカーとコミュニケーションを図ってきた経験から導き出せる分類です。
　　例えば、朝の挨拶を例にして考えてみましょう。日本人の英語学習者Cさんが、
今現在、エレガント英語を習得するために、毎日、たくさんの英単語・英語表現

を覚えようと奮闘する日々を送っているとしましょう。しかし、Cさんは、母国語である日本語のコミュニケーションにおいて、接する相手の顔を見ながら、笑顔で、「おはようございます」と、しっかりと挨拶することができない人です。さて、Cさんにおけるエレガント英語の習得の道のりはどのような成果・結果を齎すのでしょうか。

　このことは、コミュニケーションの原点に立ち戻って考えると良く理解できます。Cさんのように母国語の日本語でしっかりと挨拶できない人が、一体どのようにして外国語（英語）で挨拶ができるというのでしょうか。言うまでもありませんが、日本語できちんとした挨拶ができないCさんが、「"不慣れな外国語"を使って挨拶する」ということは相当難しいでしょう。

　エレガント英語、即ち、エレガント英会話においては、一にも二にも、「目の前にいる相手とどのようにエレガントなコミュニケーションを図るか」ということが最も重要な問題です。

　皆さん、今再び、初心にかえり、「日々の生活におけるコミュニケーション」について考えてみてください。言語（英語）は、「生きた心」を持った「生きた人間」と心温まるコミュニケーションを図るために使う「大切な道具」です。たくさんの人々とより良いコミュニケーションを図る上で使うその「道具」を磨き抜いていくためには、一体どうしたらよいのでしょうか。その答えは、英語の勉強の中にあるのではなく、「毎日の生活の中」に存在します。

ディクテーション後の確認英文

ここには、本章の英会話の全文をまとめて掲載してあります。できるだけディクテーションを繰り返したのち、確認用としてご活用ください。

Dialogue 60

Ⓐ **I'd like you to call an ambulance for me, please.**
Ⓑ OK, I do it immediately for you.

Ⓐ Thank you so much for your kind help.
Ⓑ You are very welcome.

Dialogue 61

Ⓐ **I accidentally twisted my foot in the morning today.** If it is possible, I'd like you to see me, please.
Ⓑ When I touch your foot, does it hurt?

Ⓐ Yes, a little.
Ⓑ There might be some internal bleeding. Therefore, I ask you not to move the injured part. Now, I bandage the injured part for you.

Ⓐ That's very kind of you.

Dialogue 62

Ⓐ **Abruptly, I cut my hand with a knife.**
Ⓑ I'd like you to show me, please. Did you put some medicine on it by yourself?

Ⓐ No, I didn't do anything at all.
Ⓑ Did you sterilize the cut?

Ⓐ No, I didn't. However, I wrapped a bandage around it.
Ⓑ I see. Well, it would be better to suture it today.

Ⓐ I really thank you very much for your kind treatment.
Ⓑ I'd like you to take good care of yourself.

Dialogue 63

Ⓐ Hello. May I ask what your problem is?
Ⓑ **I have a migraine.** In addition, I have a severe toothache.

Ⓐ I see. Well, migraine is related to toothache. I give you some medicine for you now.
Ⓑ Is there anything I need to do for migraine?

Ⓐ There is nothing you need to do. I just advise you to take medicine and stay at home tranquilly from today. If your migraine continues, I'd like you to come to this hospital to see me, once again.
Ⓑ I hear you, sir. I appreciate your kind advice.

Ⓐ **My right ear hurts a lot.** This is the very first experience in my life.
Ⓑ Recently, haven't you cleaned out your ear canals?

Ⓐ I remember that I did it at home the day before yesterday.
Ⓑ Let me see your right ear now. You have otitis externa. I shall give you some medicine for you.

Ⓐ I deeply appreciate your kindness.
Ⓑ I hope you have a nice day.

Ⓐ **I'm afraid I've caught a cold.**
Ⓑ What symptoms do you have right now?

Ⓐ I have a little fever and a cough.
Ⓑ Have you vomited these days?

Ⓐ I don't feel like vomiting. However, I have no appetite at all. I don't feel like eating anything.
Ⓑ I prescribe some medicine for four days. I'd like you to stay at home for a while. I'd like you to understand that sleeping enough is the best medicine to get rid of your cold.

Ⓐ Good morning. I came here to see you, sir. Because **my stomach feels uncomfortably heavy these days.**
Ⓑ Do you still have pain now?

Ⓐ Yes, unfortunately, I still have it.
Ⓑ Recently, how have you been eating?

Ⓐ I haven't eaten anything unusual these days.
Ⓑ Have you ever been drinking and eating too much these days?

Ⓐ I need to drink a lot on business from time to time.
Ⓑ I see. If you are not better in few days, I'd like you to undergo a thorough examination at this hospital. Accordingly, I'd like you to come back here three days later, again.

Dialogue 67

🅐 I need your help urgently. **When I urinate, it terribly hurts.**
🅑 How do you feel pain?

🅐 It hurts toward the end of urination.
🅑 Now, I need to ask you whether you often urinate or not these days.

🅐 I feel I do it a lot these days.
🅑 What color is your urine?

🅐 I think it is normal amber.
🅑 Do you have the feeling that something still remains in the bladder now?

🅐 Frankly speaking, I feel it myself. After urinating, I actually don't feel relieved as I used to.
🅑 I see. Let me try to do my best for you.

Dialogue 68

🅐 **Unfortunately, my gums are swollen now, and they bleed when I brush my teeth these days.**
🅑 Now, do you have any pain?

🅐 I don't have any pain at all. Nevertheless, I have some difficulty in chewing.
🅑 When did you have this bridge put in?

🅐 It was about three years ago before coming to London.
🅑 I see. I assume that it could be caused by diabetes. Otherwise, it also could be a deficiency of vitamins.

🅐 That is so.
🅑 As for today, I take care of your gums now.

🅐 I thank you very much for your kindness.

Dialogue 69

🅐 **Sir, I'm afraid that I've gotten athlete's foot on my left foot. It's itchy so much.**
🅑 Let me see it. It's rather bad.

🅐 Yes, it bothers me a lot day or night.
🅑 Well, I shall prescribe fungicides for your athlete's foot.

🅐 I really would like to get rid of it. Therefore, I'd like to follow your instruction.
🅑 I'd like you to do so, please.

193

Dialogue 70

Ⓐ He seems to have much difficulty breathing today.

Ⓑ I'd like to know how many months old he is now.

Ⓐ He is just three months old.

Ⓑ When did he have his last medical examination?

Ⓐ He had it a week ago.

Ⓑ There is nothing to worry about. We take good care of your baby at this hospital.

第6章

芸術・文化・学問を
楽しむためのエレガント英語

Dialogue 71 ～ 74

Dialogue 71

What you need is not disjecta membra of shallow knowledge about the picture painted by Sandro Botticelli in order to appreciate the essence in it.

この絵画に存する本質的メッセージを鑑賞する上で必要なものは、サンドロ・ボッティチェリが描いた絵画についての雑多な知識の断片ではありません。

Ⓐ For the sake of your artistic sake, I shall explain the essence of the beauty of picture, "The adoration of the Magi" painted by Sandro Botticelli assumedly in 1475 (or 76). 注1

Ⓑ It is my great privilege to listen to your explanation regarding the picture.

Ⓐ The three Magi from the East visited Jesus Christ after he was born in Bethlehem in Judea during the time of King Herod. The story of the three Magi, Caspar from Mesopotamia, Melchior from Persia and Balthazar from Ethiopia has the important meaning in the Bible.

Ⓑ I can imagine the story as you explain it.

Ⓐ An Italian painter in Renaissance art, Sandro Botticelli painted the picture by the centripetal composition which remarkably expresses the very essence of human existence deriving from the spirit of the Holy Scripture.[注2]

Ⓑ I see.

Ⓐ **What you need is not disjecta membra of shallow knowledge about the picture painted by Sandro Botticelli in order to appreciate the essence in it.**[注3] All you need is just an immaculate spiritual state to essentially appreciate the beauty of picture painted by him.

Ⓑ I deeply understand what you are saying.

Ⓐ あなたに芸術に親しんでいただきたいという願いから、1475年（あるいは76年）にサンドロ・ボッティチェリが描いた作品、「東方三博士の礼拝」について説明させていただきたく存じます。

Ⓑ その作品についてご説明いただけることは、わたくしにとりまして、この上ない特権でございます。

Ⓐ ヘロデ王の時代にイエス・キリストがユダヤのベツレヘムで誕生したとき、東方三博士がイエスを訪れました。東方三博士とは、メソポタミアのカスパル、ペルシアのメルキオル、エチオピアのバルタザールを指し、このことは聖書において重要な意味を持ちます。

Ⓑ わたくしも、その場面について頭の中で想像することができます。

🅐 イタリアのルネサンス芸術の画家、サンドロ・ボッティチェリは、求心的な構図による絵画によって、まさに、聖書の精神を源泉とする人間存在の本質を表現しました。

🅑 そうでございますか。

🅐 **この絵画に存する本質的メッセージを鑑賞する上で必要なものは、サンドロ・ボッティチェリが描いた絵画についての雑多な知識の断片ではありません。** 絵画を鑑賞する上で唯一必要とされるものは、穢れのない純粋無垢な精神でございます。

🅑 わたくしは、あなたがおっしゃられていることについて深く理解しております。

注1

サンドロ・ボッティチェリ(Sandro Botticelli, 1444?-1510)、本名：Alessandro di Mariano Filipepiは、15世紀後半における初期イタリア・ルネサンスで活躍したフィレンツェ派の画家です。生井利幸事務所・銀座書斎には、ボッティチェリが人類史に残した傑作、"The adoration of the Magi"（東方三博士の礼拝）の複製画が飾られています。

注2

the Holy Scriptureは、the Bible（聖書）の意味。

注3

disjecta membraは、ラテン語を語源とし、英語では「断片、詩の断片、断片的な引用」という意味で使われています。英米では、教養人・文化人・学者等が好んで用います。

Dialogue 72

The subtle and profound is one of the Japanese aesthetic spiritual states which values a shared sense of communication without speaking many words in the profound mood of tranquility.

幽玄とは、深遠なる静寂の空気感の中、多くを語らずに目の前の相手との相互理解を深めることができる、日本人が大切にしている精神的な美意識の一つです。

A Are you interested in Japanese culture?

B Yes, I'm interested in it very much. Above all, I'm interested in spiritual culture in Japan. The one I love in Japanese spiritual culture is the subtle and profound. 注 1

A **The subtle and profound is one of the Japanese aesthetic spiritual states which values a shared sense of communication without speaking many words in the profound mood of tranquility.**

B It is said that Japanese culture in this island country is a "homogeneous culture." This cultural homogeneousness in Japan has been gradually producing such profound spiritual state through its long history.

Ⓐ Those people here in this modern Japanese society who deeply grasp the importance of spiritual richness consciously value what is called "the virtue of suggestiveness."注2 Suggestiveness makes us a sure possibility to communicate well with others and understand each of feelings mutually without speaking many words. This means that you enjoy sharing time with others elegantly with a few words in the spirituality of the subtle and profound.

Ⓑ I imagine it is important to go through a lot of experience in life in order to grasp and refine "the virtue of suggestiveness" as a sense of beauty in this country.

Ⓐ You are right. I feel delighted to listen to it from you very much.

Ⓐ あなたは日本の文化に興味がありますか。

Ⓑ はい、大変興味があります。わたくしは特に、日本の精神文化に興味があります。日本の精神文化において特に興味のあるものは、幽玄でございます。

Ⓐ 幽玄とは、深遠なる静寂の空気感の中、多くを語らずに目の前の相手との相互理解を深めることができる、日本人が大切にしている精神的な美意識の一つです。

B 島国・日本の文化は、単一の文化です。日本が有するこの文化の単一性こそが、長い歴史を通して、そのような深遠なる精神性を生み出しているのです。

A 日本の現代社会において、精神の豊かさの重要性を理解している人々は、いわゆる「余情の美徳」を重んじています。余情は、多くの言葉を発することなく他者とより良いコミュニケーションが図れ、お互いの気持ちを察し合うことを可能にしてくれるものでございます。このことは、幽玄の精神性においては、必要以上に言葉にしなくても、気高い時間を満喫することができるということを意味しております。

B わたくしは今、この国における美意識としての「余情の美徳」を理解し、且つ、それを洗練させるには、数々の人生経験を積んでいくことが重要であると想像致します。

A おっしゃる通りでございます。わたくしは、あなたからそのようなことを拝聴することを大変嬉しく思います。

注1

the subtle and profoundは「幽玄」を意味します。幽玄とは、数多くの明確な言語表現を使わなくとも、ほんの僅かな言葉のみで奥深い余情を感じられる美意識を指します。

注2

the virtue of suggestivenessは「余情の美徳」という意味。suggestiveness（余情）とは、人が行った行為、または、人が発した言葉の後に残る何らかの印象。例えば、豊かな心の持ち主は、他者が発した言葉から、何らかの美しい精神的境地を感じ取ることがあり、suggestivenessとは、そのような精神的境地・印象等を指します。

Dialogue 73

First, you need to have "delicacy" to know your indelicacy.

自分のインデリカシーについて知るには、まず第一に、あなた自身が「デリカシー」を備えていることが必要であるということです。

A Have you ever noticed your indelicacy in your life?[注1]

B No, I haven't thought about such matter in my life.

A If I simply say this matter, **first, you need to have "delicacy" to know your indelicacy.**

B I see. Reversely, if you are indelicate, you never know your indelicacy according to your idea.[注2]

A That is so. I shall try to be very delicate not to be indelicate all the time.

B I do the same.

A これまでの人生において、自分自身のインデリカシー(野卑、品性のない有様)について気づいたことはありますか。

B いいえ、過去において、そのようなことを考えた経験はありません。

Ⓐ このことについてわかりやすく言いますと、**自分のインデリカシーについて知るには、まず第一に、あなた自身が「デリカシー」を備えていることが必要であるということです。**

Ⓑ わかりました。このことを逆に捉えると、デリカシーのない人においては、決して自分のインデリカシーについて気づくことはないということですね。

Ⓐ その通りでございます。わたくし自身も、自分の品位を落とすことのないように、常にデリケートであり続けたいと思います。

Ⓑ わたくしも、同じように試みたいと存じます。

注 1

indelicacyは、「品のない言動・有様、下品、野卑」を意味します。

注 2

会話文で展開されている"If you are indelicate, you never know your indelicacy."（デリカシーのない人においては、決して自分のインデリカシーについて気づくことはない）のロジックは、実に面白いロジックであると言えるでしょう。世界レヴェルの教養人・文化人の間でこのような話題が出ると、「delicacyと indelicacyの相関関係」について花が咲くことがあります。

"There is no royal road to learning."
「学問に王道なし。」

A I consider that there is no easy way in learning. A prominent mathematician in ancient Greece, Euclid said, **"There is no royal road to learning."** in the presence of King of Egypt in ancient Egypt.注1

B I have the same idea regarding this matter. It goes without saying that "there is no easy way in learning."

A The King asked Euclid one question, "Is there any easy way to study and understand geometry for me?"注2 Then, Euclid educationally said to the King, "There is no royal road to learning."

B I see. I also think what Euclid said to the King is very educational.

A As you rationally imagine, this impressive proverb has been interpreted and treated as the fundamental spirit of science in Western civilization since ancient times.

B I'd like you to explain it for me some more, please.

A As Euclid scientifically said, "There is no royal road to learning." In other words, "there is no shortcut, or there is no easy way in order to learn science." This idea truly tells us the importance of continuous lucubration every day every night.

B It is absolutely right.

A I highly value your persistent lucubration which you are doing without hesitation. It is quite true that "Example is better than precept," and "Seeing is believing." 注3 The concrete example is very powerful to prove

what you really need to tell in front of other people.

B I deeply appreciate what you are saying to me.

A I tell you the important matter, again. There is no royal road to learning in your process to study various scientific matters. You need to absolutely experience a lot of difficulties and pains in the substantial process of your study momentarily.

B I thank you very much for your wonderful advice once again.

A Essentially, difficulty is a gift given by God. Obviously, you cannot make any progress without experiencing difficulties at all. The difficulties guide you to go forth in your enormous intellectual voyage.

B I pledge myself to study my field very hard at all times.

A わたくしは、学びの道に近道はないと考えます。古代ギリシアの著名な数学者ユークリッドは、古代エジプト王の面前で**「学問に王道なし」**と言いました。

🅑 わたくしも、このことに関して同様の考えを持っております。「(真の) 学びの道においては、それを簡単に学ぶ方法など、どこにもない」ということは言うまでもありません。

🅐 エジプト王は、ユークリッドに、「幾何学を学び、それを理解する上で何か簡単な方法はありますか」と尋ねました。そこで、ユークリッドは、王に対して、教育的な意味合いで、「学問に王道なし」と述べました。

🅑 そうでございますか。わたくしも、ユークリッドが王に対して与えた助言は、とても教育的な助言であると考えます。

🅐 あなたが理性的に想像しますように、この印象的な諺は、古代以来、西洋文明の学問における基本的精神として解釈され、扱われてきたものです。

🅑 もう少々、このことについてお話をうかがいたく存じます。

🅐 ユークリッドは、学問的見地から「学問に王道なし」と述べました。表現を換えるならば、これは、「学問を学ぶ上で、何らの近道もない、また、何らの簡単な方法もない」ということなのです。言うまでもなく、この考え方は、わたくしたちに対して、毎日毎晩における継続的な勉強努力をし続ける重要性を教えてくれます。

🅑 まったくおっしゃる通りでございますね。

🅐 わたくしは、あなたが躊躇なく行っている永続的な勉強努力について高く評価します。「実例は教訓にまさる」、そして、「百聞は一見にしかず (論より証拠)」ということは、まさに真実でございます。具体的な事例 (Bさんが「実際の行動」として行っている永続的な勉強努力) は、他の人々に対して何かを述べるとき、実に説得力を持つものです。

B わたくしは、あなたがおっしゃられていることにつきまして深く感謝致します。

A わたくしから、あなたにもう一度大切なことを述べます。学問における様々な事物を勉強していくそのプロセスにおいて、王道など、永遠にあり得るものではございません。学問の道を歩むその過程において必要とされることは、まさに一瞬一瞬において、数多くの困難と辛苦を経験することでございます。

B 再度、素晴らしいご助言をいただきまして、ありがとうございます。

A 本質論を言えば、困難は、神から与えられる贈り物でございます。明らかなことですが、わたくしたち人間においては、何らかの困難を経験することなしには、進歩（発展）を見ることはありません。困難は、わたくしたち人間の知的大航海の案内役を果たしてくれる存在でございます。

B わたくしは、自分の研究領域におきまして、常に最善を尽くすことをお誓い致します。

注1

Euclid（ユークリッド）は、紀元前300年頃に活躍したギリシアの数学者。

注2

geometryは幾何学。ユークリッドは、13巻から成る「ユークリッド幾何学」（幾何学原論）を著し、古代ギリシア数学の体系化を成し遂げました。

注3

"Seeing is believing."（百聞は一見にしかず）は、会話文では、「論より証拠」という意味で使われています。

Column 10

生井利幸が教授するレッスンにおける「ディクテーションの威力」

　わたくし生井利幸がティーチングを行っている英会話道場イングリッシュヒルズでは、「レッスン内容の録音の許可」を得ることを条件に、すべてのレッスンにおいて、ボイスレコーダーを使ってそのすべてを録音することができます。

　ディクテーションとは、単なる英語の聞き流しではなく、「英語の書き取り」を意味します。聞き流しは、何の苦労もなく単に聞き流すだけですが、書き取りを行うには、「それなりの時間・エネルギー」を必要とします。例えば、60分レッスンで講師が話す「僅か1分」の内容でも、その「1分」の時間的空間には実に膨大な量の英語が話されています。

　受講生は、通常、レッスンが終わった後、ボイスレコーダーに録音済みのレッスン内容を再生すると次のようなことに気づきます。それは、「1分」という短い時間でも、講師の生井利幸は、「実に"膨大な量の英語"を教授している」という事実です。

　この事実は、レッスン受講時、即ち、レッスンにおいて、"受身で"講師の英語を聞いているときには、あまり気づくことではないでしょう。しかし、60分レッスンを受講後、家に戻ってレッスンの復習としてディクテーションを始めると、「僅か1分」の間に講師が話す英語を実際にノートに書き取ってみると、その書き取りのために「相当な時間」が必要となることがわかってきます。

　受講生がレッスンの復習として実際にディクテーションを行い、その結果、「ディ

クテーションを行うには、実に、相当なる時間が必要である」ということがわかってきたとき、受講生は初めて、「講師がレッスンにおいて教授する英語の量は、"通常の常識を遥かに超越する"膨大な量の英語である」ということに気づきます。

　無論、通常の常識を超越するものは、決して「量」だけではありません。言うまでもなく、講師が行う60分レッスンにおいては、教授する英語において「相当の量」があるだけでなく、そのすべての英語は「エレガント英語」で話されています。「エレガント英語で行われているレッスン内容をボイスレコーダーで録音し、それを自宅に持ち帰ってしっかりと復習できる」、・・・英会話道場イングリッシュヒルズの受講生は皆、このような恵まれた学習条件の下でエレガント英語習得の道を歩んでいます。

　ここまで話が進むと、次のことがわかってきます。それは即ち、当教室において「ディクテーションを通してレッスンの復習を行う」という学習方法を行うには、それを実行する以前の問題として、受講生自身が、「前もって、ディクテーションを行う上での固い決意をすることが必要不可欠である」ということです。

　以下において、ディクテーションについて、読者の皆さんにとって「最もわかりやすい方法」で一緒にイメージしていただきます。

　まずはじめに、頭の中で、1)「大きな山」をイメージしてください。あなたの目の前

209

には、「大きな山」が見えます。そして、その大きな山の向こう側には、2)「美しく広がる広大な海」があるとイメージしてください。

　今ここで、この「美しく広がる広大な海」を、「エレガント英語スピーカーが備える『国際レヴェルの教養・品格』の具象・具現・象徴」と仮定します。大きな山の向こう側にある「美しく広がる広大な海」。この美しく広がる広大な海に到達するには、「目の前に聳え立つ大きな山の真正面から『トンネルを掘る』という方法しかない」とイメージしてください。

　言うまでもなく、あなたが山の向こう側にある「美しく広がる広大な海」に到達したいという願望がある場合には、どのように時間がかかっても、毎日、コツコツとトンネルを掘り続け、山の反対側までトンネルを貫通させなければなりません。このコツコツとトンネルを掘り続ける学習経験こそが、「ディクテーションを通して行う『エレガント英語スピーカーへの道のり』」なのです。

　日本におけるほとんどすべての英語学習者は、高く聳え立つ大きな山の面前で、"右往左往"するだけ、または、単に"立ち往生"するだけにとどまっています。暗記による学習方法では、5年、10年、20年、いや、それ以上学習をし続けても、永遠にエレガント英語を習得することはできません。

　エレガント英語は、暗記、あるいは、聞き流しの学習方法では、その習得は不

可能です。「エレガント英語の『深遠さ』」をしっかりと学習・習得するには、一事が万事において、「"汗と涙で"、エレガント英語のディクテーションを積み重ねていく」という学習方法が最も効果的な方法です。

　読者の皆さんが「自分の夢」を実現させるためには、暗記学習という「英語の学習方法に対する"一般的日本人が持つ固定観念"」から完全に離れることがまず第一に求められます。そして、わたくし生井利幸が唱える「ディクテーションの重要性・威力」をしっかりと理解し、この学習法を実行することが必要不可欠です。

　本書におけるすべての会話文について「相当なる時間・エネルギー」を投じてディクテーションを継続的に行っていくと、これまでの人生においては決して経験しなかった「深遠なるエレガント英語（教養英語）の世界」に入るための「入口」を見つけ出すことができます。エレガント英語への「入口」を見つけ出し、その入口の扉を開けてそこに入れたとき、あなた自身、初めて、「『国際的教養・品格を備えた英日バイリンガル』として自分を変貌させるための道のり」を歩むことができます。

Column 11

「キャンセル」という語に要注意！

　日本人が毎日の生活において頻繁に使う言葉の一つとして「キャンセル」(cancel)という言葉があります。

　例えば、あなたがレストランのテーブル予約をしたと仮定します。しかし、後に何らかの都合でレストランに行けなくなったとき、「予約をした・・と申しますが、・・月・・日の予約をキャンセルしたいのですが」と伝えることがあるでしょう。この場合、言葉の使い方において、何らの"unreasonableness"(非妥当性)もないでしょう。

　では、次の場合はどうでしょうか。あなたは現在、日本の大学の大学院で経営学を学んでいる大学院生であると仮定します。ある日、通常講義とは別の時間に指導教授から特別指導を受けるため、指導教授と面談の約束をしたと仮定します。

　後に、あなたは、教授との面談の日を迎えます。ところが、その日の朝、あなたは病気になり、指導教授の研究室に訪問することができなくなりました。この場合、あなたは、その日の朝、指導教授の家に電話し、「本日の面談のお約束をキャンセルしたいのですが・・・」という日本語表現を使うでしょうか。

　言うまでもなく、指導教授との約束に対して、「お約束をキャンセルしたいのですが・・・」という言葉を躊躇なく使う大学院生においては、その本人における常識はかなり低いレヴェルであると言わざるを得ません。

　このことは、アメリカの大学おける具体例をあげるとわかりやすいでしょう。アメリカでは、学生が教授のオフィスを訪問するとき、必ず、事前にアポイントメントを取ることが必要です。私自身、アメリカに在住中、大学で教鞭を執っていたとき、アメ

リカ人の学生が、"I'd like to cancel our appointment we made last week." (先週にお約束したアポイントメントをキャンセルしたいのですが) というような "非常識な英語" を話す学生はいませんでした。

アメリカの大学で、かりに、もしそのような表現を用いる学生がいたとしたら、それはまさに "arrant nonsense" (愚の骨頂) というべき学生です。このような表現を発する学生からは、「学問を学ぶ者としての『謙虚な姿勢』『厳格な姿勢』の "欠片" (ounce)」も感じられません。

本来、英語における「キャンセル」(cancel)という言葉の意味は、「取り消す、中止する、無効にする」等の意味を成します。英米、あるいは、世界の文明社会では、"学問の師" との約束に対して「・・をキャンセルしたいのですが」という表現を使うことはまずありません。

この「キャンセル」という言葉、・・・実際においては、「この言葉は、世界の教養人・文化人においては "かなり無礼な言葉" として捉えられている」という事実を日本の人々は知るべきです。

本稿においては、一つ、皆さんに提案したいことがあります。それは、皆さんが取引相手企業・顧客とのミーティング (打ち合わせ) の約束をし、後にその約束が実行不可能となった場合には、「先日のお約束をキャンセルしたいのですが」という表現は使わないということです。

この場合、例えば、相手に対して、「本日はお約束のミーティングの件でお電話

213

させていただいておりますが、この日はあいにく都合でお伺いできなくなってしまいました。もしご不便でないようでしたら、改めて別の日時にお時間を頂戴することは可能でしょうか」という表現を用いると、「相手とのコミュニケーションの『質』」が劇的に向上します。

「キャンセル」という言葉、・・・多くの人々が何の注意もなく使っている言葉ですが、実際、この言葉は、「かなり"使い方"に注意を要する言葉」です。英語をある程度知っている人の場合、「キャンセル」という言葉が持つ"強い意味"・"無礼な意味"について敏感に感じ取ることができます。しかし、その一方、英語を知らない人の場合は、「この言葉が相手に感じさせる不快感・無礼さ」について感じ取ることはかなり難しいでしょう。

「日本人における世界レヴェルの常識・ビジネスマナー構築の重要性」という観点からこの問題について述べるならば、日本の人々は、「日々の日本語会話において、英語の言葉を安易に使う習慣を見直すべきである」と、わたくしは考えます。

「言葉」は、それを使う本人の「鏡」です。読者の皆さん、是非、"理性的に"言葉を洗い直し、言葉を発するときには、常に、細心の注意を払って一語一語を丁寧に扱うように心掛けてみてください。

ディクテーション後の確認英文

ここには、本章の英会話の全文をまとめて掲載してあります。できるだけディクテーションを繰り返したのち、確認用としてご活用ください。

Dialogue 71

A For the sake of your artistic sake, I shall explain the essence of the beauty of picture, "The adoration of the Magi" painted by Sandro Botticelli assumedly in 1475 (or 76).

B It is my great privilege to listen to your explanation regarding the picture.

A The three Magi from the East visited Jesus Christ after he was born in Bethlehem in Judea during the time of King Herod. The story of the three Magi, Caspar from Mesopotamia, Melchior from Persia and Balthazar from Ethiopia has the important meaning in the Bible.

B I can imagine the story as you explain it.

A An Italian painter in Renaissance art, Sandro Botticelli painted the picture by the centripetal composition which remarkably expresses the very essence of human existence deriving from the spirit of the Holy Scripture.

B I see.

A **What you need is not disjecta membra of shallow knowledge about the picture painted by Sandro Botticelli in order to appreciate the essence in it.** All you need is just an immaculate spiritual state to essentially appreciate the beauty of picture painted by him.

B I deeply understand what you are saying.

A Are you interested in Japanese culture?

B Yes, I'm interested in it very much. Above all, I'm interested in spiritual culture in Japan. The one I love in Japanese spiritual culture is the subtle and profound.

A **The subtle and profound is one of the Japanese aesthetic spiritual states which values a shared sense of communication without speaking many words in the profound mood of tranquility.**

B It is said that Japanese culture in this island country is a "homogeneous culture." This cultural homogeneousness in Japan has been gradually producing such profound spiritual state through its long history.

A Those people here in this modern Japanese society who deeply grasp the importance of spiritual richness consciously value what is called "the virtue of suggestiveness." Suggestiveness makes us a sure possibility to communicate well with others and understand each of feelings mutually without speaking many words. This means that you enjoy sharing time with others elegantly with a few words in the spirituality of the subtle and profound.

B I imagine it is important to go through a lot of experience in life in order to grasp and refine "the virtue of suggestiveness" as a sense of beauty in this country.

A You are right. I feel delighted to listen to it from you very much.

A Have you ever noticed your indelicacy in your life?

B No, I haven't thought about such matter in my life.

A If I simply say this matter, **first, you need to have "delicacy" to know your indelicacy.**

B I see. Reversely, if you are indelicate, you never know your indelicacy according to your idea.

A That is so. I shall try to be very delicate not to be indelicate all the time.

B I do the same.

Dialogue 74

Ⓐ I consider that there is no easy way in learning. A prominent mathematician in ancient Greece, Euclid said, **"There is no royal road to learning."** in the presence of King of Egypt in ancient Egypt.

Ⓑ I have the same idea regarding this matter. It goes without saying that "there is no easy way in learning."

Ⓐ The King asked Euclid one question, "Is there any easy way to study and understand geometry for me?" Then, Euclid educationally said to the King, "There is no royal road to learning."

Ⓑ I see. I also think what Euclid said to the King is very educational.

Ⓐ As you rationally imagine, this impressive proverb has been interpreted and treated as the fundamental spirit of science in Western civilization since ancient times.

Ⓑ I'd like you to explain it for me some more, please.

Ⓐ As Euclid scientifically said, "There is no royal road to learning." In other words, "there is no shortcut, or there is no easy way in order to learn science." This idea truly tells us the importance of continuous lucubration every day every night.

Ⓑ It is absolutely right.

Ⓐ I highly value your persistent lucubration which you are doing without hesitation. It is quite true that "Example is better than precept," and "Seeing is believing." The concrete example is very powerful to prove what you really need to tell in front of other people.

Ⓑ I deeply appreciate what you are saying to me.

Ⓐ I tell you the important matter, again. There is no royal road to learning in your process to study various scientific matters. You need to absolutely experience a lot of difficulties and pains in the substantial process of your study momentarily.

Ⓑ I thank you very much for your wonderful advice once again.

Ⓐ Essentially, difficulty is a gift given by God. Obviously, you cannot make any progress without experiencing difficulties at all. The difficulties guide you to go forth in your enormous intellectual voyage.

Ⓑ I pledge myself to study my field very hard at all times.

終わりに

エレガント英語の精神基盤
・・・「マナーとデリカシーの相違」の理解を手掛かりに

　一般的に、エレガント英語を喋る国際人として大きく成長を遂げる上で重要な要素の一つとして考えられていることは、「国際社会で通用するマナーを身に付ける」ということです。

　ご承知のように、日本にはマナーを教える学校が多数あります。マナーは、他人の前で妥当な振舞い方をする上で必要なものでしょう。しかし、実際、現実の国際コミュニケーションにおいて「マナー」そのものが適切な方法で行われても、それだけで、目の前の相手とのコミュニケーションがエレガントになるわけではありません。

　コミュニケーションにおける「マナー」(manner)とは、本来、振舞い方、態度、行儀、作法、習慣などを指しますが、それらは、必ずしも「万国共通のもの」というわけではありません。本来、マナーとは、特定の国、地域、文化圏においてそれぞれ異なる特質があるのが通常です。

　具体的に述べるならば、西洋文明社会で言うならば、フランスにはフランスのマナーがあり、イタリアにはイタリアのマナーがあります。

　一方、東洋文明社会においては、中国には中国のマナー、マレーシアにはマレーシアのマナー、そして、言うまでもなく、日本には日本のマナーがあります。

　つまり、今ここでマナーについて厳密に述べるならば、「特定のマナー」が行われ

るその物理的空間とは、通常は、「限られた場所」(特定の国、地域、文化圏など)の範囲内であるわけです。

　では、本書を通して「エレガントな英語」の習得を目指す読者の皆さんにおいては、マナーを学ぶことに加え、世界に通用するエレガントな国際人として自分を磨いていく上で一体何が必要となるのでしょうか。それは、「人間としての『デリカシー』(delicacy) を磨く」ということです。

　デリカシーとは、「優雅さ、繊細さ、優美、思いやり、心遣い」などを意味します。デリカシーとは、総じて、「他者の感情、あるいは、感覚との接触における『細やかな気づき・心配り』」について指すものであり、これはまさに、「世界に存する文明・文化を超越して存在する『人間としての繊細な感覚』」といえるものです。

　概して、「国際人になること」を目指す人々は、「目に見える作法としてのマナー」にばかり目を奪われ、より重要とするべきもの、即ち、「デリカシー」の重要性に対して盲目になる傾向にあります(実際、教育機関においても、詳細にわたってデリカシーの重要性を教える学校は皆無に等しいでしょう)。

　デリカシーとは、わたくしの定義では、「地球に存する一個の個人として備えるべき、『他者の感情・感覚との接触における細やかな気づき・心配り』」であり、これは、決して目に見えるものではありません。即ち、これは、1)「自分の理性・感性」と2)「他者の理性・感性」との相互コミュニケーションにおいて互いに感じ取ることができる＜極めて繊細な代物＞です。

　デリカシーは、まさに、特定の国・地域・文化圏などに関係なく、一個の個人とし

て養い、現実の生活において日々実行していくべき「人間コミュニケーションにおける『真髄』」なのです。

　読者の皆さんは、日々の生活において、しばしば「マナーは申し分ないが、デリカシーに欠ける」という人を見かけるでしょう。

　真のマナーにおいては、「単に上辺だけ上品に振舞えば、それで十分である」というわけではありません。言うまでもなく、自分の目の前に存在する相手に対する細やかな気づき・心配り（デリカシー）がなくしては、「真の意味での『エレガンス』（優雅、優美、品格）」を実現することは不可能となります。

　今ここで、もう一度、皆さんが迎える一日一日において、より価値のあるコミュニケーションを図っていくという「"理性的"大前提」（"rational" major premise）の下で、「マナーとデリカシーにおける相違」について深い思索を試みてください。

　深い思索を試みることにより、やがて、「人間コミュニケーションにおける『理想郷』」（"the ideal" of human communication）の境地が見えてくることが期待されます。

　エレガント英語は、知識だけで実現できるものではありません。無論、英語を喋る上で知識は必要ですが、その前の問題として、学習者自身が「エレガントな心の持ち主」であることが求められます。エレガントな心の構築には、そのための大きな柱として、「デリカシーを磨き抜く」という学習経験が必要不可欠となります。

220

〔著者略歴〕

生井利幸 （なまい・としゆき）

1964年2月6日生まれ。作家。生井利幸事務所代表。明治大学大学院法学研究科公法学専攻博士前期課程修了。その後、米オクラホマシティー大学大学院にて研究を続ける。財団法人参与を経て、長年、米ペンシルベニア州ラファイエット大学講師、オランダ王国フローニンヘン大学法学部客員研究員等を歴任。11年の海外生活において主にアメリカの大学で教鞭を執る一方、ニューヨークにて企業経営に参画。日本に帰国後、独立。比較法学的に世界各国における基本的人権保障についての研究を続ける一方、学問・文化・芸術の観点から、執筆・講演等を通して精力的に本質的メッセージを発信。現在、国際教養塾塾長、英会話道場イングリッシュヒルズ代表。その他、企業等の顧問を務める。主な著書は、「話し方の達人」(経済界)、「人生に哲学をひとつまみ」(はまの出版)、「ちょっとだけ寂しさを哲学すると元気人間になれる」(リトル・ガリヴァー社)、「能天気思考法」(マイクロマガジン社)、「ビジネスでガイジンに勝てる人、負ける人」(飯塚書店)、「妻を愛するということ」(WAVE出版)、「あの人はなぜバリバリと働けるのか？」(同文舘出版)、「その壁は、ちょっとのことで超えられる」(こう書房)、「発想力で新時代を生きる」(ライフ企画)、「30代の仕事の技術」(あさ出版)、「本当のアメリカを知っていますか」(鳥影社)、「仕事で活かす雑談の技術」(同文舘出版)、「酒の飲み方で人生が変わる」(はまの出版)、「喧嘩上手がビジネスで勝利する」(はまの出版)、「日本人が知らない米国人ビジネス思考法」(マイクロマガジン社)等。

[生井利幸公式サイト]
http://www.toshiyukinamai.com

●『エレガント英語74』特設ウェブサイト

『エレガント英語74』特設ウェブサイトにアクセスすると、この本に掲載されている74のすべての会話文（ダイアログ）の英語音声を聴くことができます。会話文の英語音声は、すべて、著者・生井利幸による録音です。読者の皆さん、是非、この特設ウェブサイトにアクセスして、しっかりとエレガント英語を学習・習得してください。

http://www.toshiyukinamai.com/book2016/

●生井利幸から直接、「エレガント英語」を学ぶことができる学校

英会話道場イングリッシュヒルズ
http://www.english-hills.org

国際教養塾
http://www.toshiyukinamai.com/cms/

エレガント英語74

2016年12月25日初版発行

著　者　生井利幸
発行人　大西京子
編集人　笠井栄子
発行元　とりい書房
　　　　〒164-0013　東京都中野区弥生町2-13-9
　　　　TEL 03-5351-5990　FAX 03-5351-5991
　　　　ホームページ　http://www.toriishobo.co.jp
制作人　喜安理絵
印刷所　倉敷印刷株式会社

本書は著作権法上の保護を受けています。本書の一部あるいは全部について、とりい書房から文書による許諾を得ずに、いかなる方法においても無断で複写、複製することは禁じられています。

Copyright © 2016 Toshiyuki Namai All rights reserved.

ISBN978-4-86334-092-3
Printed in Japan

乱丁・落丁本等がありましたらお取り替えいたします。